교과서는
사교육보다
강하다

사교육에 의존하지 않고
혼자서 끝까지 공부해 내는 힘

교과서는 사교육보다 강하다

배혜림 지음

카시오페아
Cassiopeia

수능 만점자 인터뷰의 단골 레퍼토리는 바로 '교과서'입니다. 사교육의 힘을 빌리지 않고, 교과서만 보고 수능 만점을 받았다는 이야기는 거대한 진실(?)을 숨기고 있다는 인상을 전합니다. 학생과 학부모님은 수능 만점자의 이야기를 믿지 않습니다. 그럴 리가 없어. 교과서만 보고 어떻게 수능 만점을 받아? 말도 안 돼. 그렇게 믿으면서 교과서 외에 만점에 영향을 주었을 문제집, 학원, 인터넷 강의를 계속해서 탐색합니다. 이것이 최상위권에 오르지 못하는 학생들이 갖는 일반적인 생각이자 거대한 착각입니다.

서울대 학생들의 공부법을 주제로 프로그램을 제작한 방송 관계자분과 나눈 대화가 기억에 남습니다. 7~8명 정도 되는 서울대생들의 공부법을 들어보았는데, 놀랄만한 공통점이 있었다는 것입니다. 그들은 필요한 '교과서'는 통째로 암기했습니다. 누군가는 목차를 중심으로 외우고, 누군가는 백지에 써가면서 외우는 등 방법은 제각각이었지만 무슨 페이지에 무슨 내용이 있는지를 바로 떠올릴 정도로 교과서를 통으로 암기했다는 것입니다. 유튜브에서 수능 최상위권 학생들의 인터뷰 영상을 찾아보면, 그들이 얼마나 교과서를 완전히 자기 것으로 만드는 데 공을 들였는지를 알 수 있습니다.

적어도 제가 17년간 만난 최상위권 학생들은 교과서를 무시하지 않고, 학교 수업에서 안다고 잘난 척하면서 딴짓하지 않았습니다. 단 한 명의 아이가 수업에 집중하고 있다면, 단 한 명의 학생이 교과서에 빼곡하게 필기를 하고 있다면, 언제나 그 학생이 1등이었습니다.

교과서의 중요성, 기본의 중요성을 이 책을 통해서 느껴보세요. 학교 수업과 교과서가 의미 있어질 때, 아이의 성적은 올라갈 수밖에 없습니다.

– 정승익 《어머니, 사교육을 줄이셔야 합니다》 저자 · EBS강사

교과서는 교육전문가들이 학생들이 꼭 배워야 한다고 합의한 지식을 매우 체계적이고 압축적으로 담고 있습니다. 게다가 수능을 비롯해 학교에서 출제되는 대다수의 시험은 기본적으로 교과서 내용을 묻습니다. 그러니 교과서보다 더 중요하고 효과적인 수단은 없습니다.

그런데 안타깝게도 교과서를 제대로 공부할 줄 아는 아이는 많지 않습니다. 지난 21년 초등 교사 경력을 되돌아봤을 때, 스스로 교과서를 읽고 이해할 줄 아는 아이는 반에서 한 손으로 꼽을 정도에 불과했습니다.

읽어도 그 내용을 제대로 파악하지 못하는 경우가 대부분입니다. 그런데 학년이 올라가면 교과서 내용은 더 어렵고 복잡해집니다. 한 페이지에 들어가는 글의 양도 늘고 어휘도 어려워지지요. 그래서 많은 아이들이 스스로 공부하지 못해 학원으로 도망갑니다. 하지만 답은 학원에 있지 않습니다. 답은 교과서에 있습니다. 아이의 공부를 위해서라면 가장 먼저 교과서를 읽고 이해하는 힘을 길러야 합니다. 스스로 교과서를 읽고 이해하고 정리할 수 있는 아이는 혼자서 하지 못할 공부가 없습니다. 이 책을 통해 올바른 교과서 공부법을 익혀 초중고 12년간 실천한다면 공부를 못하기가 더 어려울 것입니다.

―전병규 《문해력 수업》 저자 · 교육 크리에이터 콩나물쌤

두 아이의 엄마이자 21년 차 중등교사인 저자는 누구보다 초중고 교육과정을 잘 알고, 공부 잘하는 학생들의 특징을 잘 아는 사람입니다. 특히 학생들과 함께 책을 공동으로 집필하며 깊은 유대관계를 맺고 있는 참 선생님입니다. 이 책은 풍부한 경험을 바탕으로 어릴 때부터 올바른 공부 습관을 가지고 교과서를 충실하게 공부하는 것이 상위권 성적에 결정적인 역할을 한다는 것을 강조합니다. 또한 초중고 12년 과정을 한눈에 조망하고 교육과정을 이해함으로써 초등부터 탄탄한 교과서 공부를 할 수 있는 구체적 방법을 제시했습니다.

챗GPT 열풍으로 초거대 AI 시대가 열리고 있는 요즘, 우리 아이의 미래를 대비하면서 학교 성적과 입시를 준비하는 최적의 방법으로 교과서 활용을 추천합니다. 가장 본질적인 것에 집중함으로써 불필요한 사교육을 줄이고 자녀들이 온전히 자기 삶을 자율적으로 개척하는 데 에너지를 모을 수 있습니다. 초등학교만 하더라도 하루 평균 5시간 이상을 학교에서 공부합니다. 아이들이 교과서를 중심으로 즐겁게 몰입해서 공부하도록 도와주어야 합니다. 이 책에서 제시한 초중고 12년 학교 공부 로드맵과 교과서 공부의 기술을 학부모님께서 미리 알고 가이드해준다면 우리 아이들이 학습에 흥미를 가지고 더 좋은 성적을 유지하는 데 도움이 될 것입니다. 또한 성적 및 내신 관리 비법을 통해 진로에 대한 걱정과 불안감에서 벗어날 수 있을 것입니다.

─엄명자 《초등 엄마 거리두기 법칙》 저자 · 청도중앙초 교장

왜 공부 잘하는 아이들은 교과서를 공부할까?

"교과서 위주로 공부하면 정말 성적이 오르나요?"

고등학교 11년, 중학교 10년. 21년 동안 교직에 있으면서 이 질문을 학부모님들에게 가장 많이 받았습니다. 수백 번, 과장 보태 수천 번 질문받을 때마다 저는 조금의 망설임도 없이 대답했습니다.

"네. 그렇습니다!"

제가 두 번째로 많이 받은 질문은 무엇일까요?

"선생님, 우리 아이가 어렸을 때는 공부를 잘했는데 갈수록 성적이 떨어지는 이유가 무엇일까요?"

대부분의 학부모님들이 이런 고민을 해보셨을 겁니다. 이 질문에도 저는 매번 힘주어 대답합니다.

"교과서를 이해하는 힘, '교과력'을 갖추지 못했기 때문입니다!"

오랜 시간 동안 아이들을 가르치고 상담하면서 상위권 아이들의 공통점을 발견했습니다. 성적이 우수한 아이일수록 교과서 공부를 중요하게 생각하고 많은 시간을 투자합니다. 반면 교과서 공부를 등한시하는 아이는 시간이 지날수록 성적이 떨어지고 공부에 흥미를 잃고 포기하는 경우가 부지기수이지요.

최상위권 아이들이 교과서 한 권을 너덜너덜해질 때까지 읽고 또 읽는 이유는 무엇일까요? 교과서 공부만 제대로 했을 뿐인데 높은 성적을 유지하는 아이들과, 선행학습은 기본이고 문제집을 수십수백 권 풀어도 성적이 오르지 않고 오히려 떨어지는 아이들의 차이는 무엇일까요?

이런 물음들에 답을 드리기 위해 이 책을 썼습니다. 대한민국 교육의 한복판에서 아이들과 함께 생활하고 가르치면서, 그리고 자녀를 키우며 중학생 아이 둘의 교육을 책임지면서, 저는 포기하지 않고 끝까지 공부해 나가는 아이들의 공통점이 '교과서 공부'임을 온몸으로 체감했습니다. 교과서 한 권을 온전히 이해하는 힘이 그 무엇보다 아이의 초중고 12년 공부를 결정한다는 사실 말이지요.

교과서 공부, 우리 아이 12년 공부의 시작과 끝

저는 학교에서 시험 문제를 출제하는 선생님입니다. 학교에서 출제되는 모든 시험 문제는 '교과서를 이해하는 힘'을 측정하는 것이 목표입니다. 교과서를 이해하지 못하면 시험 문제를 제대로 풀지 못하는 것은 물론, 문제 자체를 이해할 수가 없습니다. 선행 학습으로 몇 학년이나 앞선 문제를 척척 풀고, 영어 프리 토킹도 수준급인 초등 아이들 가운데 정작 자기 학년 교과서를 제대로 읽고 이해하는 능력을 갖춘 아이는 몇 명이나 될까요? 놀랍게도 대부분의 아이들이 교과서 한 쪽도 제대로 이해하지 못합니다. 초등 시기에 당장은 성적이 나올지 몰라도, 교과서를 이해하는 힘이 무엇보다 중요해지는 중등, 고등이 되면 성적이 떨어지는 건 어쩌면 당연한 일입니다.

지속 가능하고 실천 가능한 아이 교육의 중요성은 많이 들어보셨을 겁니다. 저도 장기적인 시야를 가지고 가르치는 것이 매우 중요하다고 생각합니다. 그래서 학부모님들을 대상으로 강의할 때마다 고등학교 때까지 멀리 보기를 권합니다. 강의를 듣는 분은 대부분 초등 부모님인데, 아직 경험하지 않았기 때문에 중고등학교에 대해 막연하게 생각하는 경우가 많습니다. 과목별 교육과정을 다 알아야 하니 어려울 수밖에 없지요. 그러다 보니 엄마표 공부에서 초중고를 잇는 장기적인 시야를 갖고 커리큘럼을 만들기 힘듭니다.

학원에 보내도 마찬가지입니다. 대부분의 학원이 초등학교 또는 중고등학교 어느 한쪽에만 초점을 맞춰 커리큘럼을 짭니다. 초중고 전체를 아우르는 커리큘럼을 제시한다 해도, 현실적으로 아이를 초등학교 때부터 보낸 학원에 중고등학교까지 그대로 이어서 보내기도 쉽지 않습니다. 또 학원에 보낸다 해도 아이의 학업이 어떻게 이루어지는지 알아야 학원의 교육과정을 이해할 수 있는데, 대부분의 학부모님들에게 쉽지 않은 일입니다.

학부모님들은 막막하기만 합니다. 이런 상황에서 장기적인 교육은커녕 우리 아이 당장의 성적에 대한 불안감에 빠져, 떠밀리듯이 무작정 사교육에 매달리게 됩니다. 하지만 저는 학부모님들께 반대로 질문을 드려봅니다. 우리 아이가 초중고 12년 동안 매일 함께 하는 교과서를 제대로 한 번 들여다본 적이 있으시냐고 말입니다.

대한민국 교육 체계는 모든 것이 '교과서'를 중심으로 짜이고 실행된다고 해도 과언이 아닙니다. 교과서는 초중고 12년을 연결하는 가장 단단한 커리큘럼을 가진 교재입니다. 최상위권 아이들과 학부모님들은 초중고 교육과정의 본질이 고스란히 담긴 교과서를 세세히 파헤치고 자기 것으로 만드는 것이 얼마나 중요한지 누구보다 잘 알고 있습니다. 공부는 단거리 경주가 아니라, 마라톤과 같이 끝까지 스스로의 힘으로 나아가야 하는 것임을 잘 알고 있으며, 교과서 공부가 높은 성적을 유지하는 가장 정확하고 안전하며 빠른 길이라는 점을 잘 알고 있는 것이지요.

많은 돈이 들지도 않고, 복잡하거나 어렵지도 않습니다. 교과서에 모든 것이 담겨 있습니다. 교과서 한 권이 어떻게 구성되어 있는지 어떤 내용을 전달하려 하는지를 제대로 파악할 수만 있다면 초중고 12년 공부를 '독파'할 수 있습니다.

이 책의 핵심 기조는 두 가지입니다. 첫째, 문해력을 갖춘 학생이어도 교과서를 제대로 이해하지 못하면 성적으로 이어지지 않는다. '문해력'은 최근 교육계의 가장 뜨거운 키워드 가운데 하나입니다. 많은 학부모님께서 아이들의 문해력을 키워주기 위해 노력하십니다. 하지만 글을 이해하는 능력과 교과서를 이해하는 능력은 다릅니다. 교과서를 중심으로 문해력을 다시 공부해야 합니다. 문해력을 교과서를 이해하는 힘 즉 '교과력'으로 업그레이드시킬 수 있어야 합니다.

둘째, 초등 시기에 교과서를 이해하는 능력을 길러놓아야, 초중고 12년 동안 끝까지 공부해 나갈 수 있다. 초등 시기는 아이의 교과력을 기를 수 있는 골든 타임입니다. 학습량이 비약적으로 많아지고, 공부가 어려워지는 중고등 시기에는 교과력을 기르는 데 시간을 내기가 현실적으로 어려운 게 사실입니다.

초등 시기에 교과서를 이용해 교과력을 단단히 쌓을 수 있는 구체적인 방법과 함께, 이를 바탕으로 중등, 고등까지 12년 동안 스스로 공부해 나갈 수 있는 가이드인 '12년 교과서 공부 로드맵'을 자세하게 서술하였습니다.

1부 〈교과서만 제대로 이해해도 12년 학교 공부는 문제없다〉에서는 학교 공부에 관한 오해를 바로잡고, 실제 상위권 아이들이 왜 교과서를 중심으로 공부하는지 그 이유와, 과목별, 학년별로 어떻게 교과서를 활용하여 공부를 할 수 있는지 방법을 살펴봅니다.

2부 〈초등 교과서 공부의 기술: 교과력 기초 내공 쌓기〉에서는 초등학교 수업 현장을 살펴보고, 각 학년별 특징과 학습 포인트를 바탕으로 초등학교 교육에서 키워야 하는 기초 교과력의 핵심 내용을 알아봅니다.

3부 〈중등 교과서 공부의 기술: 문해력을 교과력으로 옮기기〉에서는 교과서 공부에 필요한 목적 독서와 글쓰기 연습을 통해 교과서의 다양한 어휘와 구조를 이해하는 힘을 기를 수 있는 공부법을 제시합니다. 교과서 내용을 고민하고 구조화하여, 스스로 공부하는 습관을 내면화하고 상위권 성적을 유지할 수 있는 핵심 방법을 담았습니다.

4부 〈고등 교과서 공부의 기술: 내신과 수능 완벽 대비! 교과력 완성하기〉에서는 대입과 직결되는 효율적인 공부 방법과, 고등학교 교육의 핵심을 정리했습니다.

이 책을 통해 제가 학부모님들과 아이들에게 전달하려고 한 핵심적인 메시지는 "교과서 한 권을 제대로 이해하지 못하면, 문제집 수백 권을 풀어도 소용없다"는 것입니다. 어쩌면 불편하게 느껴지실 수도 있으시겠지만, 이 사실을 말씀드리는 것이 교육자로서 저의 의무라고 생각합니다.

사교육 광풍은 여전히 한국 사회의 큰 문제입니다. 이를 해결하기 위해 대한민국의 공교육 전문가들이 교육의 중심을 사교육에서 공교육으로 돌리기 위해 각고의 노력을 하고 있습니다. 최근의 교과서는 각 분야 최고 전문가들의 지식과 통찰이 가장 확실하게 반영되어 아이의 성적은 물론, 인생 전반을 계획할 수 있도록 돕습니다. 교과서는 시간이 지날수록 필연적으로 대한민국 교육의 핵심 키워드로 자리잡고 있으며, 교직의 선생님들은 아이들이 교과서만 제대로 공부하면 좋은 성적을 얻을 수 있도록 커리큘럼을 짜고 시험을 출제합니다. 하지만 정보력이 부족한 대다수의 학부모님들은 이런 구체적인 정보를 모른 채, 여전히 아이 교육을 사교육에 맡기고 휘둘립니다. 그 결과 입시에 성공하는 학생들은 극소수이고, 많은 아이가 도중에 성적이 떨어지고 공부에 흥미를 잃은 채 자포자기합니다. 현장에서 반복하여 그런 모습을 지켜보는 것은 저에게 큰 아픔입니다.

지금 우리 아이들에게 가장 필요한 건 교과서 공부입니다. 교과서 한 권을 끝까지 읽어 내 것으로 만드는 힘을 갖추는 것, 이 단순한 방법이 역설적으로 가장 강력한 답을 담고 있습니다. 초등 시기에 교과서 한 권을 붙들고 끝까지 읽어낼 수 있는 힘을 갖춘 아이와 그렇지 못한 아이는 중고등 시기에 확연하게 다른 길을 갑니다. '교과력'을 갖춘 아이는 대한민국 교육 체계에서 어떤 공부든 스스로 해낼 수 있는 것입니다. 이 말을 결코 외면하지 말길 바라며, 지금부터 본론으로 들어가 보겠습니다.

차례

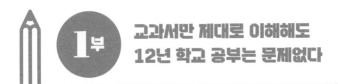

1부 교과서만 제대로 이해해도 12년 학교 공부는 문제없다

1장 거짓말인 줄 알았던 "교과서 위주로 공부했어요"

2부 초등 교과서 공부의 기술: 교과력 기초 내공 쌓기

4장 교과서 내용을 이해하지 못하는 초등 아이들

5장 초등학교 학년별 특징과 교과력 높여주는 학습 포인트

6장 초등학교 교육의 핵심과 부모 가이드

3부 중등 교과서 공부의 기술: 문해력을 교과력으로 옮기기

4부 고등 교과서 공부의 기술: 내신과 수능 완벽 대비! 교과력 완성하기

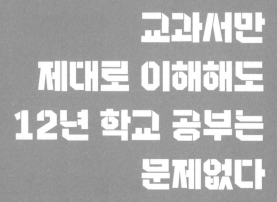

교과서만 제대로 이해해도 12년 학교 공부는 문제없다

교과서는 삽화나 표, 어휘 하나까지도 허투루 구성된 것이 없습니다. 당해 교과과정을 바탕으로 최고의 집필진이 모여 만든 교재입니다. 상위권 아이들은 교과서를 제대로 활용할 줄 압니다. 수업 시간, 똑같은 설명을 들어도 어떤 부분이 왜 중요한지 압니다. '읽고', '이해해서', '내면화'한 후, 시험을 칠 때 주어진 조건에 맞게 '쓸' 줄 압니다. 바로 이것이 교과서 공부가 시험 성적으로 이어지는 이유입니다.

1장

거짓말인 줄 알았던
"교과서 위주로 공부했어요"

공부에 관한
몇 가지 오해들

독자 여러분은 '공부'하면 가장 먼저 무엇이 생각나시나요?

저는 '결정적 시기'가 생각납니다. 언어를 습득할 때는 결정적 시기가 있어서 그때를 놓치면 모국어를 제대로 익히지 못하거나 외국어를 원어민처럼 유창하게 하지 못하니, 결정적 시기에 언어를 습득하는 것이 중요하다는 말입니다.

늑대 소년이 예로 많이 나오는 이야기죠. 학습에서 결정적 시기를 놓친 늑대 소년이 사람의 언어를 끝내 습득하지 못한 이야기인데, 주로 외국어 교육과 관련해 이 결정적 시기를 설명할 때 언급되곤 합니다.

하지만 그건 오해입니다. 우리는 공부에 관한 몇 가지 오해가 있습니다.

첫 번째는 앞서 언급한, 학습에 결정적 시기가 있다는 것입니다. 우리는 결정적 시기가 아닌 때에 외국어 공부를 시작해서 원어민 수준으로 외국어를 잘하게 된 사람들의 이야기를 자주 접합니다. 외국어만 말하는 것이 아닙니다. 어떤 공부에도 결정적 시기는 없습니다. 의지를 가지고 꾸준히 하면 누구나 어떤 공부든 잘할 수 있습니다.

두 번째는 책을 많이 읽으면 공부를 잘한다는 것입니다. 물론 책을 많이 읽으면 공부를 잘 할 수 있는 바탕은 가꿀 수 있습니다. 하지만 아무리 좋은 밭이라 해도 그 작물의 특성에 맞게 정성껏 가꾸어야 싹을 틔우고 잘 자랍니다.

공부도 마찬가지입니다. 과목별 교과서를 살펴보세요. 과목마다 교과서가 다르게 구성되어 있습니다. 과목마다 특성이 다르기 때문입니다. 독서를 많이 한다 해도 과목별 특성에 맞는 공부 방법을 찾을 수는 없습니다. 공부를 잘하려면 과목마다 각기 특성에 맞는 방법으로 공부해야 합니다.

세 번째는 학습 집중력에 관한 것입니다. 아이들이 게임을 하거나 자기가 좋아하는 일을 할 때 가만히 보면, 굉장히 집중하는 모습을 보입니다. 몇 시간씩 해도 지치지 않지요. '저렇게 자기가 좋아하는 걸 할 땐 집중력이 좋은데, 왜 공부할 땐 그렇지 않을까?' 싶으실 거예요.

사실 그건 집중력이라 할 수 없습니다. 좋아하는 일을 할 때 발휘하는 건 진짜 집중력이 아닙니다. 좋아하는 일을 할 땐 누구나 집중합니다. 좋아하지 않는 것이라도 꾸준히 하는 것이 진정한 집중력입니다. 쉬는 시간 동안 좋아하는 것을 하다가도 공부 시간이 되면, 아무리 재미있는 것을 하던 중이라 해도 그것을 멈추고 공부에 집중하는 것이 정말로 집중력이 좋은 것입니다.

네 번째는 공부를 잘하기 위한 특별한 공부법이 있다는 것입니다. 하지만 아무리 살펴보아도 그런 방법은 없습니다. 지난 20년 동안 매년 만나는 전교 1등들을 관찰해보아도 결코 특별한 공부법은 찾을 수 없었습니다. 공부를 잘하려면 공부를 열심히 해야 합니다. 지름길은 없습니다. 정도^{正道}를 걸어야 합니다.

운동선수를 생각해보세요. 아무리 운동 천재라고 해도 처음부터 그 운동을 잘하는 경우는 드뭅니다. 물론 남들보다 잘하기는 하겠지요. 그러나 처음부터 두각이 드러나지는 않습니다. 아무리 천재라 해도 꾸준한 연습이 필요합니다. 연습해야 익숙해집니다. 익숙해진 뒤에도 끊임없이 연습해야 자신만의 방법을 찾고 최고가 될 수 있습니다. 물론 다른 사람의 방법을 알면 도움이 되겠지만 그것은 단지 참고 자료일 뿐입니다. 최고가 되기 위해서는 지독할 정도로 연습에 연습을 거쳐서 자신만의 방법을 찾아야 합니다. 그러기 위해 가장 좋은 방법은 꾸준히 연습하는 겁니다.

공부도 마찬가지입니다. 초중등에서 다루는 내용은 엄청나게 고차원적인 내용이 아닙니다. 그 연령대의 아이들 수준에 맞는 내용을 다룹니다. 공부하는 것이 어렵지만은 않습니다. 공부를 잘하는 방법은 매우 단순합니다. 제 학년의 교과서를 제대로 읽고 이해해서, 공부한 내용을 자신의 언어로 표현하면 됩니다.

공부의 기본은 교과서입니다. 초등학생 때부터 교과서를 읽고 공부하는 방법을 꾸준히 연습해야 합니다. 그래야 공부에 익숙해지고, 자신만의 방법을 찾을 수 있습니다. 그리고 중고등학생이 된 이후에는 그렇게 습득한 자신만의 공부 방법으로 좋은 성적을 꾸준히 유지할 수 있습니다.

문해력 낮은 아이,
교과서 공부에 답이 있다

공부를 잘하기 위해서는 단순히 글을 읽기만 해서는 안 됩니다. 첫째, 교과서를 제대로 '읽고', '이해'해야 합니다. 둘째, 수업 시간 선생님의 설명을 잘 '듣고', '이해해서', '내면화'해야 합니다. 셋째, 이렇게 이해하고 내면화된 내용을 바탕으로 제 생각을 '쓸' 수 있어야 합니다.

> 1단계: 교과서 읽고 이해하기
>
> 2단계: 수업 시간 선생님 설명을 듣고 이해하여 내면화하기
>
> 3단계: 글로 써서 표현하기

초등 저학년(1~2학년) 수업 시간에는 이런 일이 종종 발생합니다. 종이접기를 할 때 선생님이 "종이를 반으로 접으세요"라고 하는 말을 아이들이 알아듣지 못하고 가만히 앉아 있습니다. 종이를 나눠주며 "종이를 뒤로 넘기세요"라고 이야기해도 그 종이를 뒷사람에게 넘기지 않고, 자신이 받은 종이 앞장을 뒷장으로 넘겨 놓고는 멀뚱멀뚱 앉아 있기도 합니다. 선생님이 하는 말을 알아듣지 못하는 아이가 태반입니다.

왜 이런 현상이 일어날까요? 문제의 원인은 낮은 문해력에 있습니다. 문장과 맥락을 이해하지 못하니, 수업 시간 선생님의 말도 알아듣지 못하는 것이지요.

초등 저학년 때 문해력을 높일 수 있는 가장 좋은 방법은 교과서 공부입니다. 많은 부모님들이 아이에게 독서 교육을 합니다. 하지만 초등 저학년은 아직 읽고 쓰는 활동이 익숙하지 않기 때문에, 그림이나 만들기 등의 활동을 중심으로 수업을 진행합니다. 또 교과서에 나와 있는 끝말잇기나 가라사대 놀이처럼 다양한 말놀이를 하며 문해력을 다집니다.

초등 저학년 때 교과서를 공부한 아이들은 초등 고학년(5~6학년)이 되어서 실력 발휘를 제대로 해냅니다. 수학 문장제 문제 등 문제를 읽고 푸는 문제들을 이해하고 수식을 세워 문제를 풀 수 있습니다.

다음의 지문을 살펴볼까요?

어느 빵집에 단팥빵 100개가 있었습니다. 오전에 5개씩 총 6상자를 팔았고 15개를 더 만들었습니다. 오후에는 52개를 팔았다면, 남은 단팥빵은 모두 몇 개인지 풀이 과정을 쓰고 답을 구하세요.

초등 5학년 수학 단원 평가 쪽지 시험 문제입니다. 수학 교과서에도 비슷한 문제가 나옵니다. 문제를 읽지 못한다면 문제를 풀수도 없겠지요. 고학년이 되면 수학 문제조차 읽고 쓰는 활동이 주를 이룹니다. 이런 문제를 읽고 이해해서 풀이 과정과 함께 풀어내는 힘인 문해력은 교과서 공부를 통해 길러집니다.

중고등학교도 마찬가지입니다. 중고등학교는 수행평가와 지필평가를 합산해서 내신 성적이 산출됩니다. 수행평가는 감상 쓰기, 생각이나 느낀 점 쓰기, 보고서 쓰기, 조사 결과 쓰기 등 교과서 내용을 바탕으로 한 쓰기 활동으로 이루어져 있습니다. 지필평가 문제도 수업 시간에 배운 내용을 바탕으로 한 문제로 이루어집니다.

토론하기 단원을 살펴볼게요. 국어 수업 시간에 토론하기의 이론적인 부분들을 다룹니다. 교과서에는 토론의 예시가 나와 있어, 토론을 한결 쉽게 이해할 수 있습니다. 아이들에게 토론 주제를 정하게 한 뒤, 토론하기 활동을 수행평가로 시행했습니다. 아직 토론이 익숙하지 않은 아이들이라 토론의 틀은 제공했습니다.

② 독서 토론하기

:: 논제와 입장 정하기

마음 얘들아, 《로봇 시대, 인간의 일》 다 읽어 왔지? 며칠 뒤에 교내 독서 토론
대회에 참가하기 전에 우리 반에서 모의 토론 대회를 열면 어떨까?
민재 좋아. 함께 토론해 보면 우리가 어떤 점이 부족한지 알 수 있을 거야.
서연 그럼 먼저 논제를 정해 볼까? 책을 읽으면서 궁금했던 점이나 더 생각해
보아야 할 점을 떠올린 다음 질문으로 만들어 보자.
충호 각자 생각한 질문을 종이에 적어서 한데 모아 보는 건 어때?
마음, 민재, 서연 그래, 그러자.

국어 교과서의 토론하기 단원

출처: 〈중학교 국어 3-1〉, 미래엔

토론 대본

_____학년 _____반 _____번 이름: _____

※이 대본은 예시입니다. 문장을 바꾸거나 추가할 수 있습니다. 각자 자기 모둠에 맞게 활용해서 사용하세요.

〈입론〉
사회자: 오늘은 (_____)라는 논제로 토론해
보겠습니다. 먼저 찬성 측 토론자의 입론부터 들어보겠습니다.

찬성 입론 (   ): _____
_____

사회자: 네. 찬성 토론자의 (_____)입론 내용
을 잘 들어보았습니다. 반대 측 입론 발표해주십시오.

반대 입론 (   ): _____
_____

사회자: 네. 반대 측 토론자의 (_____) 입론
내용을 잘 들어보았습니다.

〈반론〉
이제 양측의 반론을 듣겠습니다. 반론은 상대편의 입론 내용에 관한 반박만
가능합니다. 먼저 반대 측이 반론해주시기 바랍니다.

*반론할 때는 상대편이 입론에서 언급한 부분에 관해서만 논박해야 정점을 중심으로 토론을 이어나갈 수 있다.

반대 반론 (   ): _____
_____

토론 대본 예시

사회자: 네. 반대 측 토론자의 (_____) 반론 내용을 잘 들어보았습니다. 이번에는 찬성 측 토론자의 반론을 들어보겠습니다.

찬성 반론 (　　　): _____
_____

〈반대 측 재반론〉
사회자 (　　　　): 자, 그럼 반대 측 토론자부터 재반론해주시기 바랍니다. 재반론 시간에는 상대편에 질문하고 답변을 들을 수 있습니다.

*재반론할 때는 상대편의 논리적 허점이나 약점을 드러내면서 자기편 의견의 강점이 드러나는 질문을 한다.

　

이 틀을 바탕으로 아이들에게 실제 토론을 하게 했습니다. 아이들은 활동하는 내내 교과서를 뒤적이며 의논했습니다. 자신들의 활동 과정을 교과서에서 계속 확인했습니다. 중고등학교 공부의 중심도 물론 교과서입니다.

이번엔 수학 시험 감독을 하면서 본 문제도 보여드릴게요.

다음 그림에서 〈조건〉에 맞게 풀이 과정을 쓰고, 해당하는 길이를 구하시오.

〈조건〉

㉠ △ABC와 닮음인 도형을 찾아 기호 ∽를 사용하여 나타

내고, 이때 이용한 삼각형의 닮은 조건을 쓸 것

ⓒ 식을 이용하여 해당 길이를 구할 것

이 '조건'과 관련한 도형과 문제가 다음에 나와 있었습니다. 하지만 문제를 푼다고 해도 조건을 읽어내서 이에 맞추지 못하면 서술형 평가에서 좋은 점수를 받을 수 없습니다.

이 모든 활동은 교과서 공부를 바탕으로 기른 문해력이 토대가 됩니다. 21년 동안 학생들을 관찰한 결과, 공부를 잘하는 아이들에게는 한 가지 공통점이 있었습니다. 공부를 잘하는 아이들일수록 교과서를 중심으로 공부한 뒤, 필요한 경우 문제집을 푸는 순서로 공부했습니다. 교과서를 읽고 이해하는 힘을 키워야 공부를 잘할 수 있습니다.

문해력을 교과력으로 옮겨오는 교과서 활용법

교과서는 국어 교과서에 나오는 시나 소설 등의 문학 작품을 제외하면 여러 영역의 비문학 책입니다. 사회 교과서는 사회 관련 비문학 책이고, 과학 교과서는 과학 관련 비문학 책입니다. 다른 과목의 교과서도 마찬가지입니다. 문학책만 읽거나 독서 취향이 편중되어 있다면 다양한 영역을 다루고 있는 여러 과목의 교과서를 읽기 힘듭니다. 예를 들어 판타지 소설만 읽는 아이는 판타지 소설에서 쓰이는 표현이나 구조는 익숙하게 읽을지 몰라도, 다른 글은 제대로 읽지 못할 수 있습니다. 아이가 판타지 소설을 좋아하고 주로 읽는다면 판타지 소설을 통해 다른 영역의 책을 읽을 수 있는 바탕을 만들어 주어야 합니다.

그렇다면 문해력을 교과서로 옮겨오는 훈련은 어떻게 할 수 있을까요?

아래 교과서 자료처럼 초등 저학년 교과서에는 글이 거의 없습니다. 그림이 중심이지요. 초등 저학년 교과서는 왜 그림 중심으

초등 저학년 교과서

출처: 〈초등학교 국어 1-1 가〉, 교육부

로 구성되어 있을까요? 저학년에게 가장 필요한 것은 책에 흥미를 갖는 일이기 때문입니다. 그래야 초등 중학년(3~4학년)이 되어 긴 글을 읽을 수 있습니다. 따라서 저학년 때는 그림책으로 시작해서 독서의 즐거움을 배울 수 있다면 그것으로 충분합니다.

고학년 교과서를 볼까요? 저학년 교과서에 비해 글이 많지요? 이 교과서를 읽어내려면 좀 더 날카로운 독서가 필요합니다. 단순

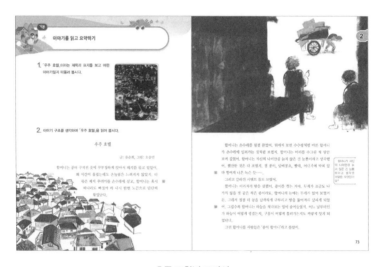

초등 고학년 교과서

출처: 〈초등학교 국어 6-1 가〉, 교육부

히 독서만 할 것이 아니라 학교에서 배우는 교과와 관련된 책을 읽으며 학습에 도움이 되는 독서를 해야 합니다. 온라인 서점에서 사회, 정치, 역사, 인문, 자연과학 등의 책을 검색하거나 교과서에

서 배운 내용을 검색해 나오는 관련 책들을 읽게 해야 합니다.

중학생이 되면 시간이 부족하므로, 초등학생 때 독서를 하고 교과서 읽는 훈련을 해야 합니다. 이렇게 초등학생과 중학생 때 문해력을 교과력으로 옮겨오는 연습을 해두면 고등학생 때 좋은 성적으로 꽃 피울 수 있습니다.

문해력과 성적은 반드시 정비례하지 않지만 높은 상관관계를 가지고 있습니다. 학교에서 늘 만나는 아이들이 증인들입니다. 학교에서 배우는 공부도 교육과정이 반영된 교과서를 얼마나 잘 '읽고', '이해해서', '내면화'하고, 시험을 칠 때 주어진 조건에 맞게 '쓸 수 있는가' 하는 것이니까요. 읽고, 이해해서 글로 쓰는 과정에서 기본적인 문해력이 필요합니다. 앞에서 살펴본 수학 문제처럼 문해력과 상관없어 보이는 수학을 공부할 때도 마찬가지입니다.

해가 갈수록 문해력이 좋은 아이들이 성적도 더 좋다고 확실히 말씀드릴 수 있습니다. 저희 반에 책을 좋아하고 책 편식 없이 골고루 잘 읽는 아이가 있습니다. 책의 수준도 제 학년보다 2~3학년 정도 높은 편입니다. 첫 시험인 2학년 1학기 1차 평가 성적은 그다지 좋지 않았습니다. 그런데 신기하게 시험을 칠 때마다 성적이 큰 폭으로 올랐습니다. 그 결과, 2학년 마지막 시험인 2학년 2학기 2차 평가에서 전 과목 평균이 15점 정도 올랐습니다.

시험을 푸는 요령을 모르는 첫 시험에서는 문해력을 교과력으로 제대로 전환하지 못했습니다. 그러나 시험에 적응하면서 자신의 문해력을 교과력으로 전환한 거죠. 교과서 공부가 바탕이 되어 있었기에, 다양한 분야의 책을 읽고 키운 문해력이 성적으로 이어 질 수 있었다고 생각합니다. 이 아이의 앞으로의 성적이 더욱 기 대됩니다.

상위권 아이는
이렇게 공부한다

교과서 공부는 어떻게 시험 성적으로 이어질까요? 단순히 글자를 읽고 해석하는 것뿐만 아니라, 글을 읽고 글의 의도나 맥락까지 이해하는 것이 중요합니다. 공부를 잘하는 아이들은 각 교과의 특성을 이해해 특성별로 교과서를 읽고, 의도를 파악하여 글의 맥락을 읽을 줄 압니다.

국어 교과목의 경우, 고등학교 1학년까지는 공통 교육과정을 배웁니다. 그러다 고등학교 2학년이 되면 〈화법과 작문〉, 〈독서〉, 〈문학〉, 〈언어와 매체(문법)〉 등 심화 과목을 선택합니다.

고등학교 2학년 아이들을 대상으로 〈화법〉 교과를 수업할 때였습니다. 화법은 '듣기'와 '말하기'가 심화되어 결합한 과목입니다. 듣기와 말하기를 어떻게 시험 본다는 건지 의아하시죠? 아이들도 마찬가지였나 봅니다.

서연이와 현주가 시험 2주 전에 제게 왔습니다. 주저주저하더니 화법을 어떻게 공부해야 하는지 모르겠다고 했습니다. 공부를 하려고 해도 이해가 안 된다며 다시 정리해달라고 했습니다.

인문계 고등학교에서 국어 교과의 내신 비중은 꽤 높은 편입니다. 그래서 국어 시험을 잘 보고 싶은데, 교과서를 아무리 읽어봐도 듣기와 말하기의 태도, 예절을 도대체 어떻게 시험 문제로 낸다는 건지 짐작도 안 된다는 것입니다.

처음에는 거절했습니다. 수업 시간에 이미 몇 번을 강조했고, 아이들에게 수없이 내용을 제대로 이해했는지 질문을 통해 확인했는데, 갑자기 이해가 안 된다니 괘씸한 생각도 들었습니다.

그런데 그 두 아이뿐 아니라 많은 아이가 조심스럽게 화법을 어떻게 공부해야 할지 모르겠다며 다시 정리해주면 안 되냐고 물었습니다. 수업을 잘 안 듣는 아이 몇몇이 이야기했다면 그냥 넘겼겠지만, 평소 수업을 열심히 듣던 아이들까지 부탁하는 바람에 저도 마음이 약해졌습니다. 아이들에게 시험 범위를 다시 정리해주었습니다.

시험 범위를 정리한다고 하면 '몇 페이지 몇 번째 줄을 봐라, 여기에 별표 해라' 하는 식으로 정리할 거라고 생각하겠지만, 그렇게 하지 않았습니다. 시험 범위의 내용을 처음부터 끝까지 훑으며 수업했습니다. 집중을 위해 도입 부분이나 수업 마지막에 수업 내용을 정리하는 시간을 제외하고 본시 수업만 다시 한 셈이지요.

내신 성적에 반영되는 중요한 기점이 될 수 있기에 형평성을 위해 시험을 치는 모든 반에 똑같이 다시 설명했습니다. 따로 줄을 긋거나 표시하라는 말은 하지 않았지만, 시험에 출제하거나 중요한 부분은 눈치챌 수 있도록 큰 목소리로 천천히 읽으며 강조하고 두 번씩 읽으며 반복했습니다.

수업이 끝나자 반응이 두 가지로 갈렸습니다. 지난번에 수업할 때와 같은 내용과 같은 설명인데 뭐가 중요한지 모르겠다고 툴툴대는 아이들과 조용히 웃으면서 책에 밑줄을 긋고 정리한 아이들로요.

당연히 전자의 반응이 훨씬 더 많았습니다. 아이들은 시험 문제를 찍어 달라고 했는데 시험 범위를 처음부터 다 훑어주면 어떻게 하냐고 저를 원망했습니다. 시험 문제를 낸 부분에서 별표 해라, 줄을 그으라고 말만 하지 않았을 뿐이지, 한 번씩 더 설명하고, 자세히 설명했는데 저의 의도를 전혀 파악하지 못한 것입니다.

그 아이들에게 교과서에서 시험 범위 내의 내용을 읽어보았냐고 물었습니다. 교과서를 읽어도 무슨 말인지 잘 모르겠고 공부할 과목이 너무 많아 시간이 없어서 교과서를 읽지 않았다고 합니다.

그래서 찍어주는 부분만 외우려 했다고 합니다. 그런데 제가 딱 찍어주지 않고 시험 범위 전체를 다 다시 다뤄서 도대체 뭘 외워야 할지 모르겠다고 합니다.

그 아이들이 한바탕 지나갔습니다. 그러자 몇몇 다른 아이들이 제 뒤로 쏙 왔습니다. 그러더니 "선생님, 저는 어디가 중요한지 파악했어요. 생소한 과목이라 공부하면서 고민했는데, 감사해요" 하고 조용히 지나갔습니다. 누구의 성적이 더 잘 나왔을지는 안 봐도 뻔하죠.

교과서를 읽어보며 공부를 한 아이들은 똑같은 설명을 들어도 어떤 부분이 왜 중요한지 압니다. 바로 이것이 교과서 공부가 시험 성적으로 이어지는 이유입니다.

교과력이 시험 성적을 좌우한다

수업 시간, 동현이가 저에게 자신의 국어 점수가 몇 점인지 아냐고 퀴즈를 냈습니다. 기억이 나지 않는다고 했더니 어떻게 선생님이 가르치는 학생 점수를 모르냐면서 학생들에게 관심이 없는 거냐며 수업 시간 내내 토라져 있어서 겨우 달래고 나서야 수업을 했습니다.

변명 같지만 아마 저뿐 아니라 선생님 대부분이 수업을 들어가는 반에 있는 모든 아이의 성적을 잘 모를 겁니다. 매년 2~300명의 아이를 만나니 그 아이들의 성적을 다 파악하기 힘들지요. 그런데 아이들의 성적을 가늠하라고 하면 꽤 정확하게 맞춥니다. 신기하지요. 어떻게 그것이 가능할까요?

바로 교과력 덕입니다. 교과서를 읽고 이해하는 아이는 수업도 잘 듣고 내용도 잘 이해합니다. 수업 중 활동은 글로 써서 표현하는 것이 많습니다. 선생님들은 이 과정을 관찰하며 아이들의 학습 이해 정도를 파악합니다. 이 관찰 결과로 성적을 가늠하는데, 놀랍게도 그 결과가 실제 성적과 비슷하게 맞는 편입니다.

그렇다면 중고등학교에서 상위권인 아이들은 어떻게 공부할까요?

우리 학교 대표 성실이인 소영이의 모습을 살펴보겠습니다. 소영이는 수업을 듣기 전, 우선 수업 시간 배울 내용을 예습합니다. 교과서를 미리 훑어보고 필요시 인터넷 강의를 추가로 듣는 등 방법으로 미리 수업 내용을 익히는 거죠. 소영이는 수업 시간에 딴짓하거나 졸지 않습니다. 수업하다 눈이 마주치면 제가 오히려 놀랄 정도로 집중해서 듣습니다. 수업을 마치고 쉬는 시간에는 이해가 안 되는 부분이나 궁금한 점을 적은 메모를 보며 교무실로 가는 저를 붙잡고 질문합니다. 소영이가 궁금한 점이 다 해결되어야 저도 교무실에 갈 수 있습니다. 카이스트에 입학한 제자도 비슷했습니다. 이 아이는 자신이 이해한 내용과 수업의 내용이 왜 다른지 그 차이를 질문하더군요.

선생님들도 교과서를 중심으로 수업합니다. 같은 내용을 수업하지만, 선생님마다 중요하다고 생각하는 지점이 조금 다를 수 있습니다. 책으로 읽을 때는 느낄 수 없는, 수업을 들어야만 알 수 있는 포인트가 있습니다.

어감이 다르다고 해야 할까요? 글로는 똑같지만, 직접 들어야 무엇을 강조해서 이야기하는지, 어떤 내용을 중점적으로 설명하는지 알 수 있습니다. 수업에 집중하지 않는 아이들은 이 작은 차이를 알 수 없습니다.

상위권 아이들은 이미 교과서를 예습하며 자기 나름대로 교과서의 내용을 이해했기 때문에 수업 내용을 따라만 가는 것이 아니라 선생님이 강조하는 포인트를 제대로 이해합니다.

시험공부를 할 때도 마찬가지입니다. 상위권 아이들이 시험공부를 하기 위해 제일 먼저 펼치는 것은 문제집이나 요약된 정리본이 아니라 교과서입니다. 교과서의 내용과 수업 시간 필기했던 내용, 선생님이 나눠준 프린트물이 있다면 그것까지도 꼼꼼하게 공부합니다. 이 세 가지를 먼저 이해하고 공부한 뒤에도 시간이 남으면 그제야 문제집을 풉니다.

서술형 평가에서는 문제의 답을 바탕으로 직접 써야 합니다. 객관형 평가에서는 교과서에서 공부한 내용을 어떻게 적용할 것인지 생각해서 답을 찾아야 합니다. 이렇게 해야 좋은 성적을 받을 수 있습니다. 이때 가장 필요한 능력이 교과력입니다. 상위권 아이일수록 교과력이 뛰어납니다. 이렇듯 교과력과 시험 성적은 떼려야 뗄 수 없습니다.

저는 고입이 평준화인 지역의 중학교에서 근무합니다. 평준화 지역은 추첨으로 그 지역의 고등학교에 입학합니다. 학교의 순위가 정해져 있지 않으므로 내신 성적 다툼이 치열하지 않은 편입니다. 그래서 시험 문제도 어렵지 않게 내는 편입니다. 제가 시험 문제를 낼 때는 교과서 내의 학습 활동 문제 두세 가지를 섞어서, 수업 시간에 다뤘던 내용을 기억만 하면 풀 수 있을 정도로, 살짝 꼬아서 출제합니다. 물론 문제에서 요구하는 핵심어는 있어야 하고요.

국어 교과서를 펼쳐볼까요? 박완서의 〈달걀은 달걀로 갚으렴〉이라는 작품이 나옵니다.

이 단원의 학습 목표는 '듣기·말하기는 의미 공유의 과정임을 이해하고 듣기·말하기 활동을 할 수 있다'입니다. 학습 목표에 맞게 소설에 등장하는 두 사람의 대화 과정을 살펴보고 두 사람이 서로 어떤 의미를 공유해가는지를 찾아야 합니다.

이 학습 목표의 내용이 반영된 학습 활동을 살펴보면 다음과 같습니다.

2 의미를 나누는 대화

🎯 **학습 목표** • 듣기·말하기는 의미 공유의 과정임을 이해하고 듣기·말하기 활동을 할 수 있다.

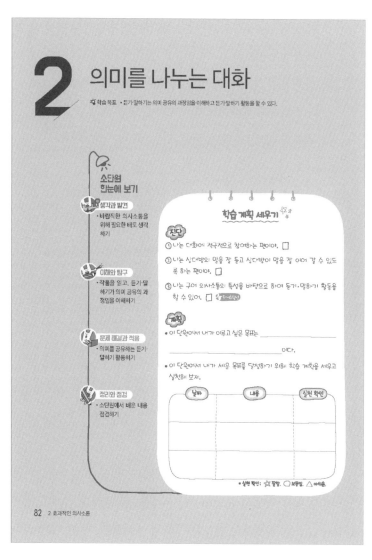

소단원 한눈에 보기

생각과 발견
• 바람직한 의사소통을 위해 필요한 태도 생각하기

이해와 탐구
• 작품을 읽고, 듣기·말하기가 의미 공유의 과정임을 이해하기

문제 해결과 적용
• 의미를 공유하는 듣기·말하기 활동하기

정리와 점검
• 소단원에서 배운 내용 점검하기

학습 계획 세우기

진단
① 나는 대화에 적극적으로 참여하는 편이야. ☐

② 나는 상대방의 말을 잘 듣고 상대방이 말을 잘 이어 갈 수 있도록 하는 편이야. ☐

③ 나는 국어 의사소통의 특성을 바탕으로 하여 듣기·말하기 활동을 할 수 있어. ☐ *75~89쪽*

계획
• 이 단원에서 내가 이루고 싶은 목표는 _____
_____ 이다.

• 이 단원에서 내가 세운 목표를 달성하기 위해 학습 계획을 세우고 실천해 보자.

날짜	내용	실천 확인

• 실천 확인: ☆ 잘함, ○ 보통임, △ 아쉬움.

중학교 국어 교과서

출처: 〈중학교 국어 2-2〉, 미래엔

1장 거짓말인 줄 알았던 "교과서 위주로 공부했어요"   **47**

1. 이 글의 내용을 다음과 같이 정리할 때, 빈칸에 들어갈 알맞은 말을 써보자.
2. 한뫼와 문 선생님의 대화 과정에서 의미를 어떻게 공유하고 있는지 정리해보자.
3. 한뫼의 태도로 변화를 알 수 있는 문장을 찾아 써보자.

제가 시험 문제를 만든다면 이렇게 했을 것 같습니다.

(1) 한뫼와 문 선생님의 의미 공유 과정을 대화의 흐름에 따라 정리하고, (2) 이를 통해 한뫼와 문 선생님이 공유하게 된 생각을 '자연'과 '달걀'의 의미가 어떻게 변화했는지에 초점을 두고 서술하시오.

물론 이대로 출제할 수는 없습니다. 교과서에 나온 대화 흐름에 따른 표를 제시하고 답을 쓸 수 있도록 꼼꼼하게 조건을 여러 개 더 붙여야 세심한 문제가 되겠지요.

학습 활동의 문제를 바탕으로 출제해도, 시험을 칠 때마다 많은 아이가 학습 활동의 문제와 똑같지 않아서 문제를 이해하지 못합니다. 그중에 출제자의 의도를 명확히 파악하고, 수업 시간에 다뤘던 내용을 잘 정리해서 쓰는 아이들이 있습니다.

바로 수업 시간 배운 내용을 잘 이해하고 교과서를 잘 읽어낸 아이들입니다. 이렇게 쓴 답 중에서도 출제 의도를 정확히 파악하고 제가 원하는 내용을 군더더기 없이 핵심만 쓴 답도 있습니다. 그런 답을 보면 저도 모르게 감탄하곤 합니다.

이렇게 답을 쓴 아이들은 제 교과에서만 서술형 답을 그렇게 깔끔하게 쓴 게 아닙니다. 대부분의 교과에서 출제자의 의도에 맞춰 답을 작성합니다. 이런 아이가 교과력을 잘 갖춘 아이겠지요.

선생님들과 이야기를 나누다 보면 수업 태도가 눈에 띄게 좋거나 서술형 답안을 감탄할 정도로 잘 쓴 아이들이 거론되곤 합니다. 이 아이들은 대부분 상위권입니다. 이 아이들의 공통점은 모든 교과에서 수업 태도가 모범적이고, 선생님들의 수업 목표나 출제 의도를 잘 파악하여 출제자가 원하는 답을 쓴다는 것입니다.

공부 잘하고 싶다면
국어 교과서부터 시작하라

최근의 교육 경향을 살펴보면 이과 집중 현상 때문인지 많은 아이가 수학 공부에 과학 공부까지, 이과 과목을 중심으로 공부합니다. 고등학교 2, 3학년에 배울 것 같은 수학 공식이나 과학 공식들을 줄줄 꿰고, 그것과 관련된 문제들을 척척 풀어냅니다. 그 모습을 보면 '대단하다'라는 말이 저절로 나옵니다.

그런데 시험을 보면 지금까지 문제를 척척 풀어내던 그 아이들의 모습이 온데간데없이 사라집니다. 시험 감독하는 제 앞엔 문제를 이해하지 못해 끙끙거리는 아이들이 가득합니다. 시험 시간 내내 손을 들고는 출제한 선생님을 찾습니다. 다른 반에서 질문을 받던 선생님이 다급하게 오면 질문을 합니다. 그런데 그 질문의 내용들은 제 귀를 의심하게 합니다.

제일 많은 질문이 "선생님, 이 단어가 무슨 뜻이에요?"이고, 그 다음 많은 질문이 "선생님, 이 문제 내용 설명해주세요"입니다. 아니, 수학 공부도 과학 공부도 척척 하던 아이들이 뜻을 파악하지 못해 시험 문제에 손도 못 대다니요.

시험이 끝나고 수학 선생님이나 과학 선생님을 만나 물어보면 모든 선생님이 하는 말이 "교과서에 있는 내용 그대로인데, 문제로 변경되었다고 이해를 못 하겠다고 한다"입니다. 이 아이들은 공부를 열심히 했을 텐데 왜 시험에서 문제를 이해하지 못하는 걸까요?

그 이유는 '읽기' 능력 때문입니다. 교과서를 제대로 잘 읽어야 하는데, 교과서를 잘 읽지 못하는 거죠.

교과서를 잘 읽으려면 읽기를 다루고 가르치는 국어 교과서를 제대로 공부해야 합니다. 공부를 잘하려면 교과서를 제대로 읽어야 하고, 교과서를 읽으려면 다양한 영역의 글을 읽는 방법이 담긴 국어 교과서를 제대로 읽어야 합니다. 국어 교과서만 제대로 공부해도 교과서를 읽는 방법의 기본을 튼튼하게 다질 수 있습니다.

다음은 6학년 도덕 교과서의 내용입니다. 다른 과목 교과서도 구성이 비슷합니다. 읽기 자료가 제시되고 그 내용을 읽고 이해해

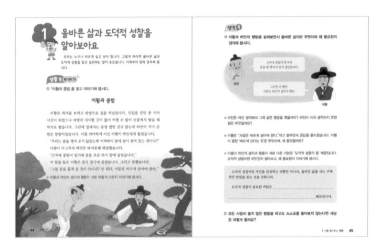

6학년 도덕 교과서

출처: 〈초등학교 도덕 6〉, 교육부

야 합니다. 읽지 못하면 교과서를 공부할 수 없습니다.

중고등학교의 교과서도 유사합니다. 국어 교과서를 먼저 보세요. 국어 교과서로 공부하다 보면 다양한 제재를 읽는 방법을 공부할 수 있습니다. 국어 교과서로 읽기 방법을 익히고 다른 과목 교과서를 읽으면서 그 읽기 방법이 실제로 어떻게 적용되는지 체득해야 합니다.

학년이 올라가면 교과서 내용은 더 어렵고 복잡해집니다. 꾸준한 읽기를 통해 기초 문해력을 키우지 않으면 교과서 내용을 파악하기 힘듭니다.

교과서를 읽는다는 것은 독서하듯 책을 읽는다는 뜻이 아닙니다. 손에 필기구를 쥐고 교과서를 읽으면서 핵심이 되는 부분에 나름의 기준에 따라 동그라미, 세모, 네모, 밑줄 등의 여러 표시를 하면서 읽어야 한다는 뜻입니다. 중간중간 생각을 정리하거나 중요한 내용을 요약하기도 하면서요. 이렇게 능동적으로 읽어야 진정으로 교과서를 읽는다고 할 수 있습니다. 이 구체적인 읽기 방법은 초중고에 걸쳐 국어 교과서에 상세히 제시됩니다.

아이의 성적을 올리고 싶다면 읽어야 합니다. 가장 먼저 교과서를 읽어야 하고, 교과서 이해를 돕기 위해 교과서 외의 책으로 생각의 폭을 넓혀야 합니다.

결국 성적은 교과서 읽기입니다. 고등학교에서 전교 1등 하던 소진이의 학습 비결도 교과서 읽기였습니다. 소진이는 시험 기간 시험을 치는 과목 이름을 포스트잇에 씁니다. 그리고 해당 과목 교과서를 꺼냅니다. 딱히 읽을 교과서의 순서를 정하지는 않았습니다. 그날그날 컨디션에 따라 교과서를 선택하더군요. 소진이는 교과서에서 시험 범위 부분을 처음부터 끝까지 반복해서 읽었습니다. 교과서를 다 읽고 나면 포스트잇에 몇 번 읽었는지 '正' 표시를 하면서요. 이렇게 교과서를 열 번 정도 읽고 나서야 공부한 내용을 문제집을 풀면서 체크합니다.

그렇게 공부하는 게 효과가 있냐고 물었더니 자신이 생각하는 최선의 공부법이라고 답했습니다. 교과서를 처음 읽을 때는 교과서 내의 내용이나 수업 시간에 필기했던 부분이 이해가 안 가기도 했는데, 세 번, 네 번 읽다 보면 처음에 읽을 때 이해되지 않던 부분이 어느 순간 갑자기 '아!' 하면서 이해된다고 합니다. 여섯 번, 일곱 번 읽으면 지금 읽고 있는 부분의 뒤 내용이 떠오르기도 하고 다음에 어떤 내용이 나올지 예상되거나 저절로 암기된다고 했습니다. 마지막으로 열 번 정도 읽을 때쯤에는 교과서 내의 도표, 삽화까지 그림을 그리듯 선명히 떠오른다고 했습니다.

이렇게 공부를 해야 문제집을 풀면서 교과서 내의 그 텍스트 내용이 어떻게 문제화되는지 관찰할 수 있다고 합니다. 시험 문제가 어디서 어떻게 나올 것인지도 짐작할 수 있고요.

교과서를 읽는 데 시간이 많이 소요되지 않냐고 했더니 처음 한두 번 읽을 할 때는 시간이 걸리지만 반복해서 읽을수록 읽는 속도가 점점 빨라져서 마지막 열 번째 읽을 때는 시험 범위 내의 교과서를 읽을 때 한 과목당 5분 정도 걸린다며 웃었습니다.

전교 1등 소진이의 비결도 바로 교과서 읽기였습니다.

2장

교과서,
어디서부터 어떻게 공부할까?

교육과정과
학습 목표 이해하기

'교육과정'이라는 말을 들어 보셨나요? 교육과정이란 초중등 학교의 교육 목적과 교육 목표를 달성하기 위한 국가 수준의 커리 큘럼을 말합니다. 초중등학교에서 수업 시간에, 그리고 학교생활 을 통해 가르치고자 하는 내용이 모두 바로 이 교육과정에 반영되 어 있다고 보면 됩니다.

전국의 과목별 전문가들이 교육과정에 따라 학교급별 교육 목 표를 세우고 이를 구체적으로 명시합니다. 이 교육과정을 어떻게 각 학년 학습자에게 맞게 적용할 것인지 의논한 결과를 바탕으로 관련 자료들을 모아 체계화, 문서화합니다.

이렇게 만들어진 책이 바로 교과서입니다. 즉, 교과서는 과목별 전문가들이 제 학년에서 반드시 익혀야 할 내용을 학습자 수준에 맞게 다양한 자료를 활용하여 구체화한 책입니다.

표를 살펴보면, 학교급별 교육 목표를 바탕으로 영역별, 학년

인간상	초등학교 교육 목표	중학교 교육 목표	고등학교 교육 목표
	· 기본 습관 및 기초 능력 기르기 · 바른 인성 함양하기	· 학생의 일상생활과 학습에 필요한 기본 능력 기르기 · 바른 인성과 민주 시민의 자질 함양하기	· 적성과 소질에 맞게 진로를 개척하기 · 세계와 소통하는 민주 시민으로서의 자질 함양하기
자주적인 사람	· 건강한 생활 습관을 기르기 · 풍부한 학습 경험을 통해 꿈을 키우기	· 자아 존중감 기르기 · 삶의 방향과 진로를 탐색하기	· 자신의 진로에 맞는 지식과 기능을 익히며 평생 학습의 기본 능력 기르기
창의적인 사람	· 학습과 생활에서 문제 해결 기초 능력 기르기 · 새롭게 경험할 수 있는 상상력 키우기	· 도전 정신과 창의적 사고력 기르기	· 창의적으로 문제 해결하기 · 새로운 상황에 능동적으로 대처하는 능력 기르기
교양 있는 사람	· 아름다움과 행복을 느낄 수 있는 심성 기르기	· 우리나라와 세계의 다양한 문화를 이해하고 공감하는 태도 기르기	· 새로운 문화 창출에 기여할 수 있는 자질과 태도 기르기
더불어 사는 사람	· 협동 정신을 바탕으로 배려하는 태도 기르기	· 타인 존중하기 · 민주 시민의 자질과 태도 기르기	· 배려와 나눔을 실천하기 · 세계와 소통하는 민주 시민으로서의 자질과 태도 기르기

학교급별 교육 목표

출처: 국회도서관, '교육과정 개편 한눈에 보기'

별 성취해야 할 기준을 제시합니다.

제가 가르치는 교과인 국어 영역을 보면 문학, 듣기·말하기, 읽기, 쓰기, 문법을 학생의 발달 단계에 따라 중학교 1~3학년까지 나눕니다. 성취 기준이 구체적으로 반영된 것이 교과서 단원입니다. 초등학교 국어 교과서는 학년당 국어(가), 국어(나), 국어 활동까지 3권이고, 중학교 국어 교과서는 학년당 1학기, 2학기 교과서 2권입니다.

59쪽의 표는 지금 제가 가르치는 중학교 3학년 1학기 국어 교과서의 목차와 학습 목표입니다. 학습 목표가 그 학년에서 반드시 알아야 할 성취 기준을 구체적인 문장으로 쓴 겁니다. 교육과정을 잘 모르겠다면 단원별 학습 목표를 살펴보세요.

과목별 특성에 따라 교과서 구성과 공부 방법이 조금씩 다릅니다. 그러나 공통으로 반드시 확인해야 할 것이 있습니다.

단원별 학습 목표입니다. 이 학습 목표가 가르쳐야 할 교육과정 내용이거든요. 이 학습 목표를 달성하는 과정이 수업 시간에 이루어지는 활동이며, 수업 시간에 아이들은 다양한 활동을 통해 학습 목표를 달성합니다.

제가 가르치고 있는 단원의 학습 활동을 살펴보겠습니다. 〈상처가 더 꽃이다〉라는 시의 학습 목표는 '문학은 심미적 체험을 바

대단원	소단원	학습 목표
1. 문학과 삶	(1) 상처가 더 꽃이다	문학은 심미적 체험을 바탕으로 한 소통 활동임을 알고 문학 활동을 할 수 있다.
	(2) 노새 두 마리	과거의 삶이 반영된 작품을 오늘날의 삶에 비추어 감상할 수 있다.
2. 읽고 토론하고	로봇에게 운전을 맡길 수 있을까?	읽기가 글에 나타난 정보와 독자의 배경지식을 활용하여 문제를 해결하는 과정임을 설명할 수 있다. 문제를 해결하며 책 한 권을 읽고 토론할 수 있다. 토론에서 상대방의 주장을 비판적으로 듣고 논리적으로 반박할 수 있다.
3. 국어와 소통	(1) 국어의 음운	음운의 체계를 알고 그 특성을 이해할 수 있다.
	(2) 통일을 향한 국어의 길	통일 시대의 국어에 관심을 가지는 태도를 지닐 수 있다. 쓰기는 주제, 목적, 독자, 매체를 고려한 문제 해결 과정임을 이해하고 글을 쓸 수 있다.
4. 설득의 힘	(1) 논증 방법 파악하며 읽기	글에 사용된 다양한 논증 방법을 파악하며 읽을 수 있다.
	(2) 설득 전략 분석하며 듣기	말하는 이의 설득 전략을 비판적으로 분석할 수 있다.

중학교 국어 교과서 목차와 학습 목표

출처: 〈중학교 국어 3-1〉, 미래엔

탕으로 한 소통 활동임을 알고 문학 활동을 할 수 있다'입니다. 다음은 그에 따른 학습 활동 문제입니다.

1. 시에 나타난 구경꾼들의 행동을 중심으로 시의 내용을 정리해보자.
2. 이 시를 감상한 느낌이나 시에 담긴 아름다움을 이야기 해보자.
3. 시와 관련하여 시인이 어떤 경험을 했을지 추측해보자.
4. 3의 경험으로 시인이 무엇을 느꼈는지 이야기해보자.
5. 시인이 4에서 느낀 심미적 인식을 어떻게 표현하고 있는 지 찾아보자.
6. 이 시를 읽고 자신의 삶에서도 '상처'가 '꽃'이 되었던 경 험을 떠올려보자.

　　학습 목표에서 이야기한 '심미적 체험'을 시에서 찾아보고, 알 게 된 '심미적 체험'을 '자신의 경험'에서 찾고 이야기를 나누는 '소통의 과정'을 거치는 것이 이 단원의 활동입니다. 학습 목표의 내용이 그대로 학습 활동으로 나타나지요?
　　교과서를 볼 때 전체 구성도, 교과서의 내용도 중요하지만 제 일 중요한 것은 단원별 학습 목표라는 걸 잊지 마세요.
　　교과서를 공부할 때, 이와 같이 단원별 학습 목표를 반드시 확 인해야 합니다. 꼭 정답을 말하지 않더라도 학습 활동을 하는 것 이 무리 없이 느껴진다면 예습은 충분합니다.
　　선생님은 교육과정과 학습 목표를 고려하여 수업을 구성하고,

2 지도를 통해 우리는 어떤 세상을 볼 수 있을까?

이 단원을 배우면 다양한 지도에 나타난 자연환경과 인문 환경의 특징을 읽을 수 있다.

오늘 배울 주요 개념을 찾아 써 보세요.

지도에 표현된 자연환경과 인문 환경 지도에는 여러 가지 정보가 담겨 있다. 산과 산맥, 강과 호수, 사막, 평야, 바다 등의 지형을 비롯하여 기후, 식생과 같은 **자연환경**과 인구, 도시, 산업, 교통, 문화 등의 **인문 환경**이 지도에 표현된다.

해 보자

● 지도에 나타난 자연환경과 인문 환경의 분포 특징을 읽어 보자.

자료❶ 아메리카의 지형

자료❷ 라틴 아메리카의 기후

■ 열대기후
■ 건조기후
■ 온대기후
■ 고산기후

(다양한 세계 지도, 2011)

활동 ❶ [자료1]~[자료5]를 자연환경과 인문 환경을 나타낸 지도로 구분해 보자.

자연환경	인문 환경

활동 ❷ [자료1]에 아래의 지형들을 찾아 표시해 보자.

- 로키산맥
- 안데스산맥
- 아마존강
- 우유니 사막
- 아콩카과산
- 티티카카호

활동 ❸ [자료2]에 표시된 A, B 지역에서 나타나는 기후를 써 보자.

A - (   )   B - (   )

14 I. 내가 사는 세계

중학교 사회 교과서

출처: 〈중학교 사회1〉, 미래엔

2장 교과서, 어디서부터 어떻게 공부할까?

아이들은 수업 중 여러 활동을 하며 학습 목표에 도달합니다. 단원별 학습 목표에 도달했는지 확인하기 위해 초등학교에서는 단원평가, 중고등학교에서는 지필평가와 수행평가를 실시합니다.

학교 교육과정이 궁금하다면, 아이의 공부를 어떻게 도와야 할지 막막하다면 교과서를 펼쳐보세요. 교과서 내의 학습 목표를 살펴보세요. 아이 학년의 교과서에 있는 학습 목표를 모아 보면 무엇을, 어떻게 공부해야 할지 학습 방향을 잡을 수 있을 겁니다.

교과서 구성 요소
파악하기

아이의 교과서를 살펴본 적이 있나요? 교과서는 각 분야의 전문가들이 학생이 배워야 할 최소한의 핵심 지식을 압축해서 담은 만큼, 사용하는 어휘 하나도 허투루 선택하지 않았습니다. 각 학년의 발달 수준에 맞춘 어휘들로 구성되어 있습니다. 교과서에서 사용하는 삽화 하나, 표 하나까지 학생들의 수준에 맞추어서 구성합니다. 최고의 집필진이 만든 최고의 교재가 바로 교과서입니다.

다음의 교과서를 들여다보면, 본문 어디에도 핵심어를 색칠해놓지 않았습니다. 하지만 아이는 교과서에서 핵심어를 찾고 그것을 구조화하며 읽을 수 있어야 합니다. 시나 소설이 나오는 국어

① 인류가 출현하다

이 단원을 배우면 • 인류가 진화해 온 과정을 말할 수 있다.
 • 동물과 구분되는 인류의 특징을 설명할 수 있다.

약 390만 년 전 오스트랄로피테쿠스
 아파렌시스 출현
약 180만 년 전 호모 에렉투스 출현
약 20만 년 전 호모 사피엔스 출현

인류의 출현과 진화 지구는 지금으로부터 약 46억 년 전에 탄생하였다. 수십억 년의 세월이 흐른 뒤 지구에 생명이 출현하였고, 인류의 기원은 약 600만 년 전에 나타난 것으로 추정된다. 이후 기후가 크게 변화하여 지구는 여러 차례의 빙하기와 간빙기[1]를 겪었다. 이러한 과정 속에서 약 390만 년 전에는 최초의 인류인 **오스트랄로피테쿠스 아파렌시스**가 아프리카 지역에서 나타났다.[2]

인류는 동물과 달리 두 발로 서서 걸었고, 이에 따라 손으로 도구를 만들어 사용하였다. 오랜 세월을 거치면서 두뇌 용량이 커지고 지능이 발달한 인류는 불과 언어를 사용하기 시작하였고, 죽은 자를 매장하는 등 사후 세계에도 관심을 가지게 되었다. 이렇게 진화하면서 약 20만 년 전에는 오늘날 인류의 직접적인 조상인 현생 인류가 등장하였다. 현생 인류는 세계 여러 지역으로 이동하여 각지의 자연 환경에 적응하며 살아갔고, 그 과정에서 각기 다른 신체적 특징을 가지게 되었다.

① **빙하기와 간빙기** 빙하기는 땅 표면에 많은 부분이 빙하로 덮여 있던 추운 시기를 말하고, 간빙기는 기온이 올라가 덮여 있던 빙하가 녹아 없어진 시기를 말한다.

② **최초의 화석 인류 '루시'** 루시는 1974년 에티오피아에서 발굴된 오스트랄로피테쿠스 아파렌시스의 여자 화석 인류이다.

인류의 진화 과정과 이동 경로

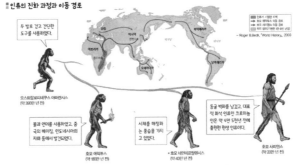

두 발로 걷고 간단한 도구를 사용하였다.

오스트랄로피테쿠스 아파렌시스
(약 390만 년 전)

불과 언어를 사용하였고, 중국의 베이징, 인도네시아의 자와 등에서 발견되었다.

호모 에렉투스
(약 180만 년 전)

시체를 매장하는 풍습을 가지고 있었다.

• 호모 네안데르탈렌시스
(약 40만 년 전)

동굴 벽화를 남겼고, 대표적 화석 인류인 크로마뇽인은 약 4만 5천년 전에 출현한 현생 인류이다.

호모 사피엔스
(약 20만 년 전)

– Roger B.Beck, 「World History」, 2003

• 호모 네안데르탈렌시스를 호모 사피엔스의 한 계통으로 보는 관점도 있다. 이때에는 현생 인류를 호모 사피엔스 사피엔스로 표현한다.

중학교 역사 교과서

출처: 〈중학교 역사1〉, 비상

64

교과서를 제외한 대부분은 교과와 관련된 개념들을 다양한 방식으로 설명합니다. 모든 교과서가 줄글 형식으로 서술되어 있지요.

교과서는 교과의 지식이 담겨 있습니다. 따라서 한 번 읽어서는 이해하기 어렵거나 깊이 생각해야 하는 부분이 있습니다. 삽화나 자료 사진을 읽어내거나 표를 유심히 봐야 하는 부분도 있고요.

교과서를 읽어도 무엇이 중요한지 잘 모르겠다고 하는 아이들을 관찰해보면, 많은 아이가 교과서를 제대로 읽지 않는다는 사실을 알 수 있습니다. 교과서에는 목차와 학습 목표가 있습니다. 이 두 가지만 살펴도 교과서 전체의 흐름과 학습 내용을 찾을 수 있습니다. 목차와 학습 목표가 바로 교과력을 키우기 위한 열쇠입니다. 이 열쇠를 머릿속에 담고 찬찬히 교과서를 읽으면 교과서에서 왜 이렇게 말하는지 이해하기가 한결 수월합니다.

그렇다면 교과서는 어떻게 효율적으로 공부할 수 있을까요? 먼저 교과서를 두 번 정도 읽은 후, 내용을 정리합니다. 완벽하지 않아도 됩니다. 교과서에서 질문하는 내용에 대한 답을 누군가의 도움 없이 써보고, 중요하다 싶은 부분에 줄을 긋습니다. 처음부터 여러 색의 펜으로 깔끔하게 정리할 필요는 없습니다. 꾸준히 공부하면서 필요나 중요도에 따라 색을 구분합니다. 펜을 사용할 때는 너무 다양한 색을 사용하기보다 삼색 볼펜 정도면 충분합니다.

물론 요점이 정리된 문제집이나 참고서가 시중에 많습니다. 한

눈에 보기에도 좋고 군더더기 없이 깔끔합니다. 알아보기 쉽게 개조식으로 정리되어 있지요. 그러나 교과서는 한눈에 들어오지 않습니다. 인과관계로 엮어 서술합니다. 그 긴 글을 읽고 핵심 내용을 찾아내는 것이 교과력의 기본입니다.

중학교 3학년 2학기 국어 교과서 '국어의 음운' 문법 단원을 보면, 음운과 자음, 모음을 설명하는 데 무려 여섯 페이지를 할애합니다. 긴 페이지에 걸쳐 음운에 관한 설명과 음운을 익히기 위한 활동이 나옵니다. 실제 이론적인 부분만 정리하면 한 페이지면 충분한데도 말입니다.

이론을 외우기만 해서는 안 된다는 거죠. 여섯 페이지가량에 쓰인 개념에 대한 설명을 읽고 이해하고, 질문의 답을 쓰면서 음운과 자음, 모음을 이해하는 과정이 필수입니다.

수업 시간 교재는 교과서이고 시험 문제도 교과서가 기본입니다. 왜 교과서가 기본 교재일까요? 수업을 준비할 때, 도움 될 만한 다른 보충 자료를 활용하지 않느냐고 물을 수도 있겠지요. 하지만 교육과정을 재구성하더라도 교과서를 참고하고, 교과서 외의 작품으로 수업한다고 해도 기준은 늘 교과서입니다. 교과서에 서술된 문장을 '읽고' '이해한' 뒤 스스로 정리하고 '쓰는' 과정이 필요합니다. 따라서 문제집이나 참고서에 개조식으로 간단하게 정리된 내용으로 공부한다 해도 결국 정리된 각각의 단어를 연결해서 문장으로 쓸 수 있어야 합니다. 그래야 교과서를 읽을 수 있습니다. 바로 이 과정이 교과력을 키우는 방법입니다.

시험 문제를 낼 때도 마찬가지입니다. 시험 문제를 낼 때면 학교 선생님들이 교과서가 닳도록 뒤적입니다. 작년 기출 문제와 문제집에 있는 문제는 시험에 낼 수 없습니다. 그러면 올해는 무슨 문제를 어떻게 낼지, 시험 범위 내의 교과서를 뒤적이면서 고민을 거듭합니다. 수업 시간에 가르쳤던 내용을 몽땅 꺼내놓고 이것들을 어떻게 조합해서 시험 문제로 낼지 고민하지요. 교과서를 얼마나 뒤적이는지, 일 년이 지나고 나면 교과서가 너덜너덜해집니다.

시험 문제는 이렇게 고심 끝에 만드는데, 그렇다면 아이들은 어떻게 공부할까요? 교과서를 읽지 않고 문제집의 문제 유형만 푸는 아이가 많습니다. 시험 기간에 교과서는 한 번도 읽지 않았다는 아이도 꽤 있습니다. 그 아이들의 손에는 여지없이 각 과목의 자습서나 문제집, 또는 학원 프린트물이 있습니다. 자습서나 문제집, 또는 학원 프린트물로 공부하면 글에서 키워드를 찾는 능력이 자라지 않습니다. 교과력도 자라지 않지요. 문제집에 정답이 모두 있기에 주어진 조건에 맞게 찾아내거나 고르는 것은 잘 할 수 있을지라도 스스로 사고하고 요약하는 것은 힘들어합니다.

이것이 아이가 학교 수업을 이해하고 공부를 잘하길 바란다면 교과서를 제대로 읽고 이해하는 힘인 교과력부터 키워야 하는 이유입니다.

교과서 연계 도서
활용하기

　교과서 연계 도서를 읽으면 교과서를 이해하는 데 큰 도움이 됩니다. 어느 한 과목의 이야기가 아닙니다. 다양한 과목 교과서와 연계된 책을 읽게 해주세요. 국어 교과서에 일부분 인용되는 소설 전문을 다 읽도록 교과서에 삽입된 소설책을 읽게 하거나, 인터넷 서점의 '국내 도서 〉 어린이' 탭에서 교과서 내용과 관련된 책의 자료를 제공해주세요. 배경지식이 생성되어 교과서 이해에 도움이 됩니다. 물론 책을 좋아하는 아이라면 굳이 교과서 연계 도서를 찾아 읽지 않아도 이미 쌓은 배경지식을 활용해 교과서를 읽을 겁니다. 하지만 배경지식이 부족한 아이라면 연계 도서를 활용하

학년	교과 연계 도서
초등 3학년	콩가면 선생님이 웃었다(윤여림), 안녕 내 비밀번호!(문정옥), 아디닭스 치킨 집(박현숙), 노래하는 은빛 거인(신원미), 뚱 셰프가 돌아왔다!(이광익), 마법 사와 함께한 시간(호르헤 부카이), 벤의 특별한 친구 리사(캐시 후프먼), 서로 서로 통하는 말(박은정), 우물 파는 아이들(린다 수 박), 마법 같은 하루(필리파 피어스), 욕심쟁이 왕도둑(김일옥), 하늘을 나는 조끼(엄혜숙), 내 이름은 독도 (이규희), 돌이 낳은 아이(이화연), 초희의 글방 동무(장성자), 과학 시간에 담 근 김치(노정임), 착한 지방은 억울해(백은영), 전화 왔시유 전화!(신현수), 믿 거나 말거나 속담 이야기(임덕연), 도사 전우치(홍영우), 비밀의 화원(프랜시스 호지슨 버넷)
초등 4학년	청소기에 갇힌 파리 한 마리(멜라니 와트), 행복한 청소부(모니카 페트), 공부 잘하게 해 주는 빵(김리라), 오늘은 최고의 날(박주혜), 행운의 문자 주의보 (원유순), 게임중독자 최일구(한봉지), 새콤달콤 거짓말 사탕(선자은), 길을 찾 는 아이들(박채란), 내 마음은 롤러코스터(여애정, 박부금), 위대한 똥말(서석 영), 가족 선언문(임지형), 게임파티(최은영), 나를 따라온 감자(정승희), 돈벼 락 똥벼락(원유순), 슈퍼 히어로 우리 아빠(임지형), 유령과 함께한 일주일(김 정미), 나쁜 어린이 표(황선미), 방과 후 초능력 클럽(임지형), 수상한 아이가 전학왔다!(제니 롭슨), 어느 날 구두에게 생긴 일(황선미), 왕따 선거(장한애), 우등생 바이러스(정란희), 주먹 대장 물리치는 법(송언), 퀼트 할머니의 선물 (제프 브럼보)
초등 5학년	우리 세상의 기호들(유다정), 누가 행복한지 보세요(장성익), 행복한 세상을 만드는 평화 수업(베로니크 코르지베), 한국 속 지구마을 리포트(김현숙), 그러 니까 경제가 필요해(석혜원, 연유진), 우리 도시가 달라졌어요!(장재원), 구멍 난 벼루(배유안), 슈퍼 영웅 변신 페인트(호코 외브레오스), 동물이 행복할 자 격 동물 권리(플로랑스 피노), 빙하 표류기(시어도어 테일러), 용 선생의 시끌벅 적 한국사 1-10권(금현진)
초등 6학년	푸른 늑대의 파수꾼(김은진), 수상한 졸업여행(윤자영), 과학 공화국 물리법 정 세트(정완상), 과학 공화국 생물법정 세트(정완상), 한국사 편지 세트(박은 봉), 박시백 조선왕조실록 세트(박시백), 교양 있는 우리 아이를 위한 세계 역사 이야기 세트(수잔 와이즈 바우어), 한입에 꿀꺽! 짭짤한 세계 경제(김지 혜), 베블런의 과시적 소비(소스타인 베블런), 민주주의가 왜 좋을까?(최연혁)

초등학교 3~6학년 교과 연계 도서

는 것이 교과서 공부에 좋은 전략이 될 수 있습니다.

요즘에는 출판사에서 독후 활동지를 제공하는 곳이 많으니 출판사에서 운영하는 홈페이지나 블로그에서 독후 활동 자료를 다운로드받는 것도 좋습니다. 그것이 힘들다면 아이와 책을 읽고 이야기를 나누는 것도 좋아요.

그런데 이렇게 많은 책을 읽을 때마다 독후 활동을 하려니 부담스럽게 느껴지죠? 독후 활동이 책의 내용을 잘 이해하는 데 도움은 주지만 필수는 아니에요. 독후 활동에 부담 갖지 마세요. 중고등학교에서 책을 즐겨 읽는 상위권 아이들에게 물어봐도 독후 활동을 한 아이는 많지 않습니다. 그저 재미있게 책을 읽었다고 합니다.

열 권을 읽으면 그중 세 권 정도만 독후 활동을 해도 됩니다. 독후 활동보다 더 중요한 것은 지속적으로 꾸준히 책을 읽는 것입니다. 그러기 위해서는 재미있게 읽어야 합니다. 독후 활동으로 질려버리면 안 되겠지요. 앞서 제시한 책들 역시 아이들의 수준과 재미를 고려해 선정된 연계 도서입니다. 재미있게 꾸준히 책을 읽는 힘이 교과력을 키우는 데 도움을 줄 거예요.

교과력을 높이는
4가지 방법

    모르는 단어가 많은 전문 서적을 읽거나 관심 없는 분야의 책을 읽을 때 집중력이 흐트러진 경험이 한 번쯤은 있을 겁니다. 글을 읽다가 무슨 말인지 몰라서 읽었던 부분을 몇 번씩 다시 읽은 적도 있고요. 그런 일이 반복되면 집중력이 완전히 흐트러져 더 이상 읽지 못하고 딴짓을 하거나 아예 책을 덮어 버립니다.

    집중이 안 되는 원인을 가만히 살펴보면, 몸이 피곤하거나 주변이 시끄러운 등 외부 요인 때문인 경우도 있지만 대개는 내부 요인 때문인 경우가 더 많습니다. 모르는 단어가 많이 나오거나 관심 없던 분야라 내용이 생소하거나 하는 이유로 이해되지 않는 것이죠. 우리는 책을 읽을 때 내용이 잘 이해되면 그 책을 재미있게 느낍니다. 공부도 마찬가지입니다. 공부할 때 집중하지 않는다면 그 내용을 이해하지 못할 가능성이 큽니다. 아이가 교과서를 잘 읽지 못한다면 교과서의 내용을 얼마나 이해하고 있는지 살펴봐야 합니다.

아이가 교과서를 얼마나 이해하고 있는지 확인하려면 어떻게 해야 할까요?

초등 저학년이라면 아이와 함께 교과서 한두 페이지를 소리 내서 읽어보세요. 교과서 읽는 소리를 들으면 아이가 그 글을 이해하며 읽고 있는지 이해하지 못하며 읽고 있는지 쉽게 파악할 수 있습니다. 글을 제대로 이해한다면 의미 단위로 잘 끊어 읽습니다. 그러나 글을 이해하지 못하면 의미가 끝나지 않은 곳에서 끊어 읽는 등 의미의 흐름을 전혀 이해하지 못하고 엉뚱하게 읽을 겁니다. 저는 중학교 3학년 국어를 담당하고 있는데, 중학교 3학년 아이의 경우에도 소리 내서 읽혀보면 제대로 읽지 못하는 경우가 있습니다.

초등 고학년에게는 국어 교과서 속 작품의 내용을 간단하게 묻는 것도 좋습니다. 그 질문은 정답을 요구하는 것이 아니라도 됩니다. 작품 속 등장인물에 대해 어떻게 생각하는지 묻거나 제일 기억에 남는 장면이 무엇이었는지 묻는 등, 정답이 없는 경우에는 자기 생각을 이야기하게 하면 됩니다. 이런 간단한 이야기를 나누는 것만으로도 내용 이해가 한결 쉽더라고요.

비단 교과서뿐만 아니라 어느 책이든 마찬가지입니다. 어떤 책의 내용을 이해한다는 건 모르는 단어가 거의 없어 읽는 데 막힘이 없고, 책에서 이야기하는 바를 잘 파악할 수 있다는 뜻입니다. 한 페이지에 모르는 단어가 다섯 개 이내이면 그 책은 충분히 읽을 수 있는 책이라 보면 됩니다. 모르는 단어가 나온다 해도 앞뒤 문장을 통해 문맥을 파악해서 그 단어의 뜻을 유추하여 무리 없이 글을 이해한다면 아이는 그 글을 잘 읽고 있는 겁니다. 문맥을 통해 단어의 뜻을 유추하지 못하면 국어사전을 활용해서 단어의 뜻을 알고 넘어가는 것을 추천합니다.

오늘 저는 유안진 시인의 〈상처가 더 꽃이다〉라는 시를 수업했습니다. 중학교 3학년이라 고등학교 수업을 대비하기 시작해야겠다 싶어서 이번 수업 시간의 학습 목표를 원래의 학습 목표와 살짝 다르게 '문학 개념을 이해하고, 이를 시에 적용하여 시를 해석할 수 있다'로 세웠습니다. 학습 목표에 따라 시를 읽으며 문학 개념을 설명하고 시를 해석했습니다. 고목이 오랜 기간 상처를 많이 받았지만, 의연하게 그 삶을 이겨낸 모습을 보며 시적 화자가 자신의 삶을 성찰하는 내용을 담고 있는 시입니다.

시 말미에 '상처의 향기'라는 시어가 나왔습니다. 고목이 힘든 삶을 이겨낸 모습을 '상처의 향기'라고 표현한 겁니다. 수업이 끝

날 무렵 몇몇 아이가 왜 나무의 상처에서 향기가 나냐고 질문했습니다. 수업 내용을 전혀 이해하지 못한 거죠. 몇몇 다른 아이가 가슴을 치며 여러 번 설명했지만, 질문을 한 아이는 끝내 이해하지 못했습니다.

마태효과Matthew Effect라는 말이 있습니다. 우리말로 '부익부 빈익빈'이죠. '부자는 점점 더 부유해지고 빈자는 점점 더 가난해진다'라는 뜻의 이 마태효과는 1968년 미국의 저명한 사회학자인 컬럼비아 대학의 로버트 머튼Robert K. Merton 교수가 성경의 마태복음 25장 29절에 나오는 말씀에 착안해 처음 사용한 용어입니다.

교과서를 읽을 때도 마태효과가 적용됩니다. 교과력이 좋은 아이들은 글을 쉽게 읽고 이해합니다. 이해를 잘하니 문해력도 좋습니다. 당연히 집중력도 좋습니다. 수업 시간에 배우는 내용도 잘 이해합니다.

교과력이 좋지 않은 아이들은 글을 이해하는 것을 어려워합니다. 책을 읽는 것을 싫어하거나, 책을 읽더라도 대체로 제 수준보다 낮은 수준의 책이나 만화책을 읽습니다. 수업 시간에도 마찬가지입니다. 자기가 잘 아는 내용이 나오면 집중해서 듣고 수업에 참여할 텐데 모르는 내용이 늘어나니 수업에 집중하지 못할 수밖에요. 교과력 부족으로 수업 내용이 이해가 안 되니 수업 집중력이 자꾸 떨어집니다. 중고등학교 교실을 살펴보면 많은 아이가 집중력 부족으로 꾸벅꾸벅 졸고 있는 모습을 봅니다. 교과력은 수업 시간 집중력을 기르는 중요한 변별 요인입니다.

교과력을 키우는 방법은 생각보다 쉽습니다. 먼저 교과서를 꺼내 한 단원 정도 아이에게 읽게 합니다. 가능하다면 전 과목의 교과서를 읽히는 것을 추천합니다. 과목마다 특성이 달라서 아이가 어떤 분야가 강하거나 약한지 모르니까요. 교과서를 읽고 나면 아이가 얼마나 이해했는지 질문하세요. 외워서 답을 할 수 있는 지엽적인 문제보다 이해도를 묻는 문제가 좋습니다. 교과서 내의 활동을 함께 해도 좋고요.

제 학년의 교과서를 충분히 잘 읽고 이해하면 그보다 높은 수준의 다양한 책을 읽혀서 독서의 범위를 넓히고 독해력을 높입니다. 하지만 제 학년의 교과서를 제대로 읽지 못하거나 이해하지 못한다면 다음의 방법으로 교과력을 키우는 훈련을 해야 합니다.

첫째, 교과서를 소리 내서 읽습니다. 초등 중학년까지는 눈으로 읽는 묵독보다 소리를 내서 읽는 낭독이 더 효과적입니다. 특히 문해력이 부족한 아이라면 학년과 상관없이 교과서를 소리 내서 읽히기를 추천합니다. 아이가 교과서를 읽는 소리를 들어보세요. 소리 내서 읽는 것을 들으면 아이가 글을 얼마나 이해하고 있는지 확인할 수 있습니다. 또 소리 내서 읽는 것은 정확한 발음을 익히는 데도 도움이 됩니다.

둘째, 모르는 단어가 나오면 찾아봅니다. 모르는 단어가 나올 때마다 국어사전을 직접 찾기를 추천합니다. 책을 읽을 때는 모르는 단어가 나올 때마다 국어사전을 찾는 것이 책의 몰입과 이해에 방해가 되지만, 교과서는 소단원별로 내용이 나누어져 있어, 국어사전을 찾는 것이 내용 이해에 큰 방해가 되지 않습니다. 국어사전을 찾는 활동은 그것만으로도 비슷한 말, 반대말을 익힐 수 있고, 찾는 단어 주변의 다양한 어휘도 함께 익힐 수 있는 등 장점이 많습니다. 단어를 찾고 뜻을 파악하여 어휘력을 쌓아야 합니다. 문해력이라는 거대한 성을 쌓기 위한 벽돌 한 장 한 장이 어휘력입니다. 어휘력과 문해력이 쌓여야 비로소 교과력이 높아집니다.

셋째, 천천히 반복하며 읽습니다. 저는 개인적으로 속독을 좋아하지 않습니다. 글과 글 사이에는 여백이 있습니다. 이 여백에 '사고'라는 과정이 필요합니다. 이 단어가, 이 문장이 쓰인 이유를 생각하고 뜻을 이해해야 합니다. 독서는 천천히 사유하는 과정이 필요합니다. 그래야 그 글의 내용을 음미할 수 있습니다. 속독을 하면 사유하는 시간이 줄어듭니다. 반복해서 읽으며 느낀 점도 생각하고, 궁금한 점을 찾아보는 과정이 있어야 합니다. 교과서도 그렇게 읽어야 합니다.

넷째, 아이와 직접 교과서 내의 활동을 합니다. 교과서 내의 활동을 글로 쓰라는 뜻은 아닙니다. 교과서를 읽고 이해한 내용을 바탕으로 교과서에 제시된 각종 활동을 아이와 대화로 풀어가면 됩니다. 꼭 정답이 아니라도 좋습니다. 교과서 내의 활동을 수행하는 모습을 보면 교과서를 얼마나 이해했는지 알 수 있습니다.

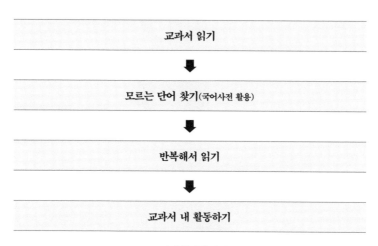

교과력 향상 훈련법

하루에 30분 정도 꾸준히 투자해보세요. 아이의 교과력이 눈에 띄게 좋아질 겁니다. 읽기만 했을 뿐인데, 신기하게 쓰기 능력까지 저절로 따라옵니다. 교과서를 읽는 것이 익숙해지면 마지막으로 교과서의 내용을 읽고 요약, 정리하게 합니다. 이 단계까지 진행하면 이제는 교과력을 걱정할 필요가 없습니다.

차근차근 교과서를 공부하면 어느 순간 제 학년의 교과서도 잘 읽을 겁니다. 교과력을 키우는 결정적 시기는 없습니다. 언제 시작하든 거북이처럼 천천히 차근차근 다져야 합니다.

3장

초중고 12년의
교과서 공부 로드맵 그리기

초등 과목별
교과서 공부 방법

교과서를 읽으라고 하면 많은 아이가 무엇이 중요한지 모르겠다고 합니다. 교과력이 없으면 교과서 내의 모든 내용이 중요한 것 같거나 중요한 게 하나도 없는 것 같이 느껴집니다.

교과서를 읽을 때 제일 중점을 둘 것은 앞에서 언급했듯이 바로 학습 목표입니다. 학습 목표가 그 단원에서 반드시 알아야 할 내용이거든요. 학습 목표는 각 단원의 처음 부분 단원명 아래쪽에 '~할 수 있다', '~을 알아보자'라는 문장으로 구성되어 있습니다. 대부분 교과서에 '학습 목표'라고 명시되어 있는데, 학습 목표라는 단어를 찾기 힘들면 이렇게 구성된 문장을 찾으면 됩니다.

국어 교과서 공부하기

교과서를 읽는 방법은 과목마다 조금씩 다릅니다. 그중에서도 국어 교과는 모든 교과서의 기본입니다. 영어를 제외하고는, 다른 과목 교과서도 모두 한국어로 쓰여 있거든요. 따라서 국어 교과서부터 먼저 읽고 공부하기를 권합니다.

초등 국어 교과서는 '준비 학습', '기본 학습', '실천 학습'으로 이루어져 있습니다. 가장 중심이 되는 활동은 기본 학습 부분입니다. 이 활동에는 긴 줄글이 나옵니다. 우리가 '국어' 하면 떠올리는 글들은 기본 학습 부분입니다. 이 글을 읽고 학습 문제를 꼼꼼히 보고 학습 내용을 파악해야 합니다. 국어 교과서를 읽으라고 할 때 이 기본 학습 부분을 읽고 이해하는 겁니다.

시중에 국어 교과서와 연계된 학년별 도서 목록들이 많습니다. 그 연계 도서들은 대부분 이 기본 학습 부분에 제시된 작품들입니다. 교과서는 분량에 제한이 있으니 작품의 전문을 싣지 못하고 작품 일부를 발췌하는데, 작품의 전문을 읽으면 교과서 내에 제시된 지문을 이해하기가 더 쉽겠지요. 국어 교과서를 읽으면서 교과서 지문에 제시된 작품의 전문도 함께 읽게 해주세요.

책을 읽으며 모르는 낱말이 나오면 국어사전을 찾아서 단어의 뜻을 익히고 교과서의 내용을 소리 내서 읽히는 연습도 해주세요. 아이가 의미 단위로 띄어 읽는 것을 잘하는지 관찰해서 긴 글을 잘 읽는지 확인하는 것이 필요합니다. 그 뒤 교과서 지문과 관련된 활동을 직접 써보거나 말로 대답하게 합니다.

초등 국어 교과서의 '기본 학습'

출처: 〈초등학교 국어 6-1 가〉, 교육부

수학 교과서 공부하기

수학 과목은 초중고 학습 방법이나 교과서 기본 구성이 비슷합니다. 초등 수학 교과서는 '단원 도입', '본 차시', '도전 수학', '얼마나 알고 있나요', '탐구 수학'으로 이루어져 있습니다. 가장 중심이 되는 활동은 본 차시 부분입니다. 본 차시에서 학습 문제를 제시하고 직접 문제를 풀며 활동합니다. 대체로 본 차시 활동에 네다섯 개의 문제가 있습니다. 이 문제들은 이어져 있어 제시된 문제 순서대로 푸는 것이 좋습니다.

수학 공부에서는 특히 수학 교과서를 중심으로 공부해야 합니다. 수학 교과서에는 학습해야 할 수학 개념이 상세하고 꼼꼼하게 설명되어 있기 때문입니다. 수학 교과서의 내용은 수학 문제집보다 쉬운 편입니다. 그런 이유로 수학 교과서 수준이 낮다고 생각하는 경향이 있습니다. 하지만 그렇지 않습니다. 수학 교과서가 쉽게 느껴지는 까닭은 수학 개념의 기초를 꼼꼼하게 다지기 위해 가장 친절하고 자세하게 설명하기 때문입니다. 뿌리가 탄탄해야 건강하게 자랄 수 있거든요. 수학의 탄탄한 뿌리를 위해 쉽게 설명하는 거죠. 수학 개념을 익히기 위해 수학 교과서로 공부하기를 추천합니다. 문제집도 수학 교과서를 바탕으로 구성합니다. 수학 교과서에는 그림, 기호, 도형 등 수학 개념을 익히는 데 필요한 자료들이 있습니다. 이 자료들도 중요하니 반드시 기억해야 합니다.

수학은 다른 교과에 비해 학년별 위계가 뚜렷한 과목입니다. 지금 배우고 있는 내용을 배우기 전에, 반드시 지난 학년에서 배운 내용과 연계해서 공부하는 것이 필요합니다.

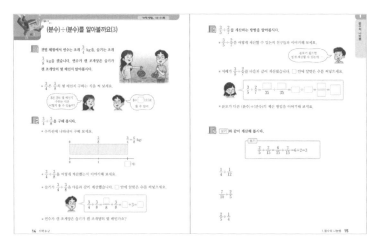

초등 수학 교과서의 '본 차시'

출처: 〈초등학교 수학 6-2〉, 교육부

사회 및 과학 교과서 공부하기

사회 교과서와 과학 교과서는 단원명이 곧 학습 목표라고 생각하면 됩니다. 다른 교과도 그렇지만 특히, 사회와 과학 과목은 배경지식이 많을수록 이해하기 쉽습니다. 사회, 과학 관련 배경지식을 쌓기 위해서는 사회나 과학을 다루는 다양한 영역의 비문학 책을 많이 읽어야겠지요.

사회 교과서는 '단원 도입', '주제 학습', '단원 정리'로 이루어져 있습니다. 주제 학습이 가장 중심이 되는데, 주제 학습 부분에 학습 문제를 해결하기 위한 다양한 도표나 지도 등의 자료가 나옵니다. 이 자료들을 읽고 해석할 수 있어야 합니다.

사회 교과서를 읽을 때는 그 단원의 핵심어인 단원명을 먼저 파악하고, 본문 내용에서 그것과 관련된 내용을 찾으며 읽습니다. 그 내용을 찾으면 밑줄을 긋습니다. 해당 내용과 연관된 도표, 지도, 그래프 등 다양한 자료도 연계해서 봐야 합니다. 이 자료들이 개념을 이해하도록 돕습니다.

과학 교과서는 과학 탐구 부분이 학습의 중심이 됩니다. '과학 탐구' 부분에서 핵심 활동을 통해 과학 개념을 익힙니다. '단원 도입' 단계에서는 핵심 개념과 관련한 사진이나 질문을, '재미있는 과학' 단계에서 실생활과 관련된 예시나 활동을 제시합니다. 과학 탐구 부분에서 핵심 활동을 하고, 과학과 생활 단계에서는 STEAM★ 활동과 같은 다양한 연계 활동이 제시됩니다.

과학 교과서에도 사진과 그림 자료가 많습니다. 이 그림, 사진, 실험 결과를 과학 개념과 원리 등과 연계해 공부해야 합니다. 과학 교과서의 표와 그래프도 중요하니 꼼꼼하게 해석해야 합니다.

학습량이 아주 많아 보이지만 사실 공부해보면 그리 많지 않습니다. 매일 10분이면 충분합니다. 과목별로 교과서를 읽혀 주세요.

★ STEAM이란?
과학Science, 기술Technology, 공학Engineering, 인문·예술Arts, 수학Mathematics의 머리글자를 합하여 만든 용어로, 과학 기술 기반의 융합적 사고력과 실생활 문제 해결력을 함양하기 위한 교육입니다.

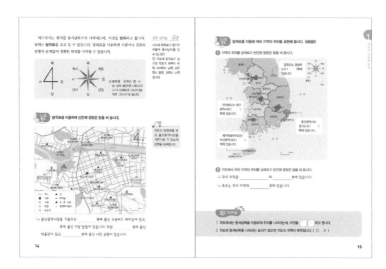

초등 사회 교과서

출처: 〈초등학교 사회 4-1〉, 교육부

전구의 연결 방법에 따라 전구의 밝기는 어떻게 달라질까요?

주변을 살펴보면 전구 여러 개를 연결한 모습을 볼 수 있습니다. 전구의 연결 방법에 따라 전구의 밝기가 달라질까요? 전기 회로에서 전구 두 개를 여러 가지 방법으로 연결해 보고, 전구의 밝기가 어떻게 달라지는지 알아봅시다.

▲ 전구 여러 개를 연결한 모습

탐구 활동 전구의 연결 방법에 따른 전구의 밝기 비교하기

예상 분류

  무엇이 필요할까요?

전지(1.5 V) 두 개, 전지 끼우개 두 개, 전구(3 V) 두 개, 전구 끼우개 두 개, 집게 달린 전선 여러 개, 스위치 두 개

🔍 어떻게 할까요?

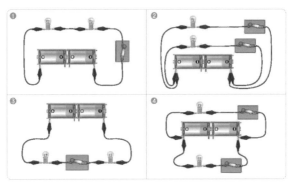

16

초등 과학 교과서

출처: 〈초등학교 과학 6-2〉, 교육부

초중고 학년별
교과서 공부 방법

고등학교에서 아이들을 가르치다가 처음 중학교에 왔을 때, 큰 충격을 받았습니다. 아이들의 발달이 이렇게나 차이가 날 줄 몰랐거든요. 고등학교에서 당연하던 일들이 중학교에서는 전혀 당연하지 않았습니다. 그러다가 저희 아이가 초등학교에 다니게 되었을 때, 공개 수업을 보고는 또 한 번 충격을 받았습니다. 중학생도 고등학생과 발달 차이가 꽤 나는 편인데, 중학생과 초등학생은 더 차이가 나더라고요. 학교급에 따라서 아이들의 발달 차이는 굉장히 큽니다. 우스갯소리로 '급식 짬밥' 차이가 난다고 하는데, 그 말이 딱 맞습니다.

교육과정에도 이런 아이들의 발달 차이가 반영되어 있습니다. 교육과정은 초등 저학년군(1~2학년), 초등 중학년군(3~4학년), 초등 고학년군(5~6학년), 중학교(1~3학년), 고등학교(1학년, 2~3학년)로 단계화되어 있습니다. 그리고 각 단계에서 아이들에게 요구하는 것이 다릅니다. 이 교육과정을 충실히 반영한 교과서 역시 아이들의 발달 단계에 맞추어 단계화되어 있습니다.

초등 저학년: 흥미 키워주기

초등 저학년 교과서를 살펴보면, 글보다 그림이 더 많습니다. 교과명도 '봄', '여름', '가을', '겨울'로 생소합니다. 교과서를 펼쳐봐도 뭘 어떻게 해줘야 할지 모르겠고 조급한 마음이 듭니다.

걱정하지 마세요. 초등 저학년은 12년간의 교과력에 첫발을 내딛는 시기입니다. 아이가 처음 걸음마할 때를 떠올려 보세요. 아마 처음에는 자꾸 넘어졌을 거예요. 하지만 꾸준히 연습하고, 여러 번 실패하며 조금씩 성공했을 겁니다. 교과서 공부도 마찬가지입니다.

저도 초등학교에 입학한 아이가 받아온 교과서를 보고 깜짝 놀랐던 기억이 있습니다. 글은 거의 없고 온통 그림뿐이었기 때문입니다. 늘 빡빡하게 글로 가득한 교과서만 보던 중등 교사에게 초등 저학년 교과서는 매우 당황스러웠습니다. 그림만으로 구성된 이 교과서로 무엇을 어떻게 공부하는지 도무지 이해되지 않았기 때문이죠.

공개 수업 날 수업을 참관하며 저학년 교과서를 이해할 수 있었습니다. 초등 저학년은 한글을 깨우치지 않았다는 전제로 수업이 진행됩니다. 그래서 글을 최소화하고 이미지나 활동 중심으로 교과서를 구성합니다. 초등 저학년 아이에게는 글자를 읽는 행위보다 귀로 듣고, 말을 하고, 몸으로 익히는 활동이 더 중요한 것입니다. 제가 교과서를 보면서 막막하게 느꼈던 많은 그림과 활동들은 교사의 입을 통해 구체화되고, 아이들은 구체적인 대상을 직접 만지고 몸을 움직이고 만들고 발표하면서 재미와 흥미를 중심으로 교과서 내용을 익힙니다.

최근 교육은 결과보다 과정을 중요하게 여기는 추세입니다. 그래서 활동 중심으로 수업하고 활동 시간을 넉넉하게 제공합니다. 저학년은 주어진 시간 내에 활동하고 그 내용을 마무리하는 과정이 필요합니다. 초등 저학년의 학습은 인지적 영역보다 정의적 영역을 중심으로 구성됩니다. 앎보다는 태도에 초점을 두고 결과가 아닌 과정을 중요하게 여기는 것이죠.

물론 초등 저학년 아이가 이리 생각하기는 힘듭니다. 아이가 이런 태도를 가질 수 있도록 도와야 합니다. 아이에게 선생님 말씀을 잘 듣고 활동할 때 즐겁게 잘하라고 격려해주세요. 특히, 초등 저학년 때는 어떤 활동이든 완전히 끝낼 수 있는 끈기와 올바른 학습 태도를 익혀야 합니다.

초등 저학년 교과서 공부에서 가장 중요한 것은 무엇일까요? 바로 읽는 행위 자체에 흥미를 느끼는 것입니다. 초등 저학년 때 읽기에 흥미를 느낀 아이들은 학년이 올라갈수록 교과서에 나오는 긴 글도 부담 없이 척척 읽어냅니다. 그래서 저학년 때는 그림책과 시집을 읽히는 것도 교과서 공부에 많은 도움이 됩니다. 이때, 눈으로 책을 읽기보다 소리 내서 읽기를 권합니다. 저학년 아이들은 눈으로 읽는 글자보다 귀로 듣는 글자를 더 잘 이해합니다. 교과서 작품에도 의성어와 의태어가 많이 포함된 글이나 시가 많습니다. 이런 책을 낭독하면서 시의 아름다움도 느끼고, 우리말의 아름다움도 느낄 수 있게 해주세요. 낭독의 힘이 나중에 큰 저력을 발휘할 거예요.

아이가 직접 소리를 내면서 낭독하는 것이 제일 좋지만, 그보다 먼저 부모님이 책을 읽어주기를 권합니다. 아이는 부모님의 목소리를 들으며 책을 이해합니다. 그림책이나 시집은 그림도 함께 있으니 책을 이해하는 데 큰 도움이 되겠지요.

듣기는 수용하는 행위이고 말하기는 표현하는 행위입니다. 자신이 소리 내서 글을 읽는 것보다 다른 사람이 읽는 것을 들을 때 더 편하게 내용을 음미할 수 있습니다. 부모님이 읽어주는 걸 들으며 책의 내용과 관련된 상상도 하고, 책 속의 그림도 살핍니다.

학교에서 교과서로 수업할 때와 비슷한 과정을 거치는 거죠.

게다가 부모님이 읽어주는 수많은 책을 들으면서 글을 읽을 때 어디서, 어떻게 끊어 읽어야 하는지, 어떤 발음과 억양으로 읽어야 하는지, 어떤 글을 읽을 때는 어떤 목소리 톤으로, 어떤 느낌으로, 어느 정도의 속도로 읽어야 하는지도 자연스레 익힐 수 있습니다. 익숙해지면 아이도 소리 내서 책을 읽을 준비를 합니다. 부모님이 읽어주는 걸 듣는 걸로는 자신이 원하는 대로 읽기 속도를 조절할 수 없거든요. 물론 이때 읽어주는 걸 멈추지 마세요. 부모님이 책을 읽어주는 건 책을 읽는 행위만이 아니라 아이에게 관심과 사랑을 보이는 행위이기도 합니다. 아이가 원한다면 계속 읽어주는 것이 좋습니다.

아이가 읽는 걸 들을 때는, 제대로 띄어 읽고 있는지, 글을 이해하면서 읽고 있는지, 단순히 글자만 읽고 있는 게 아닌지 판단할 수 있습니다. 그림책을 읽기 시작하면 아이와 같이 소리 내 읽으면서 아이가 소리 내서 글을 읽는 방법을 익히도록 도와줘야 합니다. 아이가 어느 정도 자연스럽게 읽는다 싶으면 묵독으로 읽혀도 됩니다. 그래도 열 권 중 한 권 정도는 소리 내서 읽도록 해 아이의 읽기 정도를 꾸준히 체크해주세요.

다음 표는 초등학교의 교과목입니다. 늘어나는 과목은 진하게 표시했습니다. 학년이 올라갈수록 이처럼 학습량이 점점 늘어납니다. 초등 저학년, 교과서 공부에 첫발을 잘 내딛는 훈련이 중요한 이유입니다.

학년	과목
초등 저학년	국어, 수학, 통합
초등 중학년	국어, 수학, **사회**, **과학**, **도덕**, **영어**, **음악**, **미술**, **체육**
초등 고학년	국어, 수학, 사회, 과학, 도덕, 영어, 음악, 미술, 체육, **실과**

초등학교 교과목

초등 중학년: 읽기 습관 들이기

초등 중학년이 되면 아이들의 성향이 드러나기 시작합니다. 논리력과 사고력이 발달하고 표현도 꽤 구체적입니다. 초등 중학년부터 교과가 세분화되어 9과목으로 과목 수가 늘어 학습량도 늡니다. 초등 저학년 때 5교시까지 있었던 것에 비해 초등 중학년이 되면 6교시인 날도 늘고요. 학교에 머무는 시간도 그만큼 길어지겠지요.

교과서에도 제법 긴 글이 등장합니다. 국어 교과서에 다양한 갈래의 글이 나오는데, 글의 특성에 따른 읽기 방법을 배우고 글의 내용을 파악해야 합니다. 교과서에 질문의 답을 쓰는 공간이 많습니다. 그 공간을 그냥 두면 안 됩니다. 아이가 직접 글을 쓰거나 말을 하면서 채워야 합니다. 중학년의 국어 교과서 공부에서는 독해력과 쓰기가 중요해집니다. 사회나 과학 교과서에도 유물, 유적, 실험 결과, 그래프 등의 자료가 많습니다. 이런 자료를 읽는 방법도 알아야 합니다. 초등 저학년 때와 여러모로 교과서 구성이 크게 달라집니다. 수업 방법도 달라지겠지요.

이런 변화로 초등 중학년이 되면 학습 격차가 발생합니다. 학습에 호불호가 생겨 과목 간 학습 성취도 차이가 생기는 시기도 초등 중학년입니다. 그래서 많은 초등학교 선생님들이 특히 초등학교 3학년이 중요하다고 강조합니다. 초등 중학년을 이미 겪은 부모로서도 초등학교 3학년은 정말 중요한 시기라고 생각합니다. 이 초등 중학년을 제대로 적응해야 학습량이 폭발적으로 늘어나는 초등 고학년의 학습, 그리고 학교급의 체계까지 바뀌는 중고등학교의 학습량에 대비할 수 있거든요.

초등 중학년이 되면 교과서를 읽는 습관을 들여야 합니다. 그런데 평소 책을 좋아하지 않고 책을 잘 읽지 않는 아이는 교과서라고 재미있게 읽을 리가 없습니다. 그럴 때는 무조건 교과서를 들이미는 것보다, 먼저 아이가 원하는 책을 읽도록 지속적으로 다양한 책을 제공해주세요. 아무리 재미있다는 책을 건네도 책을 읽지 않는 아이들도 있습니다. 그런 아이들에게는 읽기 환경을 제공해 읽기 루틴을 만들어야 합니다. 이렇게 만들어진 읽기 루틴은 재미있는 책으로 먼저 시작해, 나중에 교과서 읽기에도 똑같이 적용할 수 있습니다.

읽기 루틴은 어떻게 만들어줄 수 있을까요?

첫째, 읽기 시간입니다. 일정한 시간을 정해 읽기 시간을 마련해주세요. 시간이 규칙적으로 주어진다면 그 시간을 읽기 시간이라고 의식할 겁니다. 가능하면 모든 가족이 그 시간에는 함께 책을 읽기를 권합니다.

저희 집도 저녁 8시부터 1시간가량 독서 시간을 마련했습니다. 제가 책을 읽고 있으면 아이들도 책을 읽는 저를 보고 슬슬 곁에 앉아 책을 읽습니다. 제가 꾸준히 책을 읽으니 아이들도 그 시간이 책을 읽는 시간이라고 생각하고 스스로 책을 꺼내더라고요. 물론 책의 종류에 관해서는 잔소리하지 않아야 합니다. 만화책을 읽어도 좋고, 얇은 책을 읽어도 좋습니다. 읽기를 습관화하도록 돕는 게 목표거든요. 읽는 것이 즐거운 아이들은 시간을 따로 마련하지 않아도 되겠지만, 그렇지 않은 아이들은 이렇게 읽기 시간을 정해주는 것이 좋습니다.

둘째, 읽기 장소입니다. 꼭 읽기 장소를 도서관처럼 꾸밀 필요는 없습니다. 아이가 책을 좋아하지 않는다면, 거실이나 방의 한쪽 벽면 가득 책장을 짜서 책을 채우는 것도 추천하지 않습니다. 책을 좋아하는 아이에게는 책장이 뷔페 음식 같겠지만, 책을 싫어하는 아이에게는 압박으로 느껴집니다. 아이가 충분히 읽을 정도로 책은 마련해 놓되, 책의 양에 아이가 압도되지 않아야 합니다.

책이 많으면 골고루 잘 읽을 것 같지만 전혀 그렇지 않습니다. 선택할 것이 너무 많으면 오히려 선택하지 못합니다. 게다가 책이 아무리 많아도 자신이 원하는 책만 읽습니다. 아이가 읽을 만큼의 양이면 충분합니다. 여기에 도서관 책을 대출해서 책을 주기적으로 바꾸는 방법을 추천합니다. 책을 읽는 공간도 마찬가지입니다. 근사하지 않아도 편안한 마음으로 책을 읽을 수 있는 공간이면 읽기 장소로 훌륭합니다.

셋째, 아이에게 제공할 책의 종류입니다. 초등 중학년은 전두엽, 측두엽 등이 발달하여 언어와 추상적 개념을 인지하기 시작합니다. 독서 수준도 급성장합니다. 개인 간 독서 수준 차이가 극명해지는 시기도 중학년입니다. 앞서 말했듯, 교과서 읽기에 흥미를 느끼지 못하는 아이들에게는 다양한 책을 읽을 수 있도록 해주는 것이 좋습니다. 책을 잘 읽지 않는 아이에게 먼저 필요한 건 책을 읽을 계기이니까요. 읽어주는 것도 좋습니다. 읽으라고 할 때는 책을 읽지 않던 아이도 책을 읽어주면 잘 듣습니다.

그래도 책을 잘 읽지 않는다면 넷째, 책과 관련한 영상이나 만화책 등의 다양한 도구를 활용해 책에 관한 관심을 유도하는 것도 좋습니다.

제가 드라마를 보고 있는데 작은아이가 다가오더니 무슨 드라마를 보고 있냐고 묻더군요. 초등학생이 봐도 괜찮은 드라마라 아이에게 함께 보겠느냐고 했더니 자기도 궁금하다며 같이 드라마를 보았습니다. 드라마를 보는 도중 아이는 드라마 내용을 계속 질문했습니다. 배경이 조선 시대인데, 처음부터 본 것도 아니고, 조선 시대에 대해 잘 알지도 못하니 중간중간 이해가 안 되는 것이 많았나 봅니다. 드라마를 보면서 그 시대에 대해 이야기를 나누었습니다. 다 보고 나서는 아이에게 그 시대를 배경으로 한 역사책을 권했습니다. 평소 역사책을 좋아하지 않던 아이였지만 드라마의 내용이 궁금했는지 책을 꼼꼼히 읽었습니다. 드라마가 아이의 독서 흥미를 끌었나 봅니다. 드라마가 종영하기 전까지 아이는 이 책 저 책을 찾아 역사책을 읽었답니다. 책으로 시작하지 않아도 얼마든지 읽기에 흥미를 갖게 할 수 있다는 걸 다시 느꼈습니다.

다섯째, 강압적이지 않은 환경입니다. 실시간 온라인 수업을 할 때, 아이들은 자기 방에서 수업을 들었습니다. 아이들 뒤편에 방의 벽면이 보였는데 많은 아이의 공부방에 책이 잔뜩 있었습니다. 대면 수업 때 그중 한 아이에게 책이 많더라며 책을 많이 읽었냐고 물었습니다. 그러자 그 아이의 표정이 갑자기 안 좋아졌습니다. 투덜거리는 목소리로 엄마가 책을 너무 많이 샀다고 하며, 엄마가 자꾸 책이 얼마짜리인 줄 아냐며 책을 다 읽으라고 닦달하셨다고 합니다. 아이는 질려서 절대 책을 읽고 싶지 않다고 했습니다. 그 이야기를 들은 다른 아이들도 엄마가 책을 읽으라고 강요했다며 제게 토로했습니다. 국어 시간이 독서 성토의 장이 되어버렸습니다.

강제로 뭔가를 시키면 반발심이 생깁니다. 읽기 환경은 제공하되, 강압적이지 않아야 합니다. 초등 중학년은 학습을 시작하는 시기입니다. 벌써부터 학습에 질리지 않도록 세심한 주의가 필요하겠지요.

초등 중학년은 책을 통해 읽기의 바탕을 마련한 후 교과서로 돌아와야 합니다. 독서로 쌓은 문해력을 교과력으로 옮겨오는 거죠. 여러 과목의 교과서를 읽으며 교과서에 익숙해지고, 교과서 내용을 확장하는 과정으로서 독서를 이해해야 합니다.

물론 독서와 학교 공부는 별개의 활동이 아닙니다. 학교 공부를 잘하려면 교과서를 잘 읽어야 하고, 교과서를 잘 읽기 위해서는 독서가 필요하니까요. 중요한 것은 '읽는 과정'이 학교 공부의 바탕이 되고, 그 읽는 과정의 중심에는 교과서가 있다는 사실입니다. 아이에게 읽기 습관을 들이는 것이 결국 학교 공부를 잘할 수 있는 지름길이라는 점을 인지시켜주세요.

초등 고학년: 교과력 민감성 높이기

피아제의 인지 발달 이론의 단계에 따르면 초등 고학년 아이들에 해당하는 형식적 조작기에는 논리적 조작과 체계적 추론, 관계성에 대한 이해나 상징적 추론이 가능합니다. 각종 추상적인 개념이나 과정을 충분히 이해할 수 있다는 뜻이겠죠. 인지 능력이 발달하는 이 시기에는 교과서 읽는 힘을 민감하게 키워야 합니다.

시기 구분	연령	발달 특성
감각운동기	0~2세	· 반사 행동에서 목적이 있는 행동으로 변화 · 대상 영속성
전조작기	2~7세	· 표상적 사고 능력 · 보존 개념의 결여 · 자아 중심적 사고
구체적 조작기	7~11세	· 구체적 상황에서 논리적 조작 가능 · 가역성, 유목화, 서열화 개념 · 사회지향성
형식적 조작기	11세 이후	· 보존 개념 형성, 논리적으로 추상적 사고 가능 · 가설 연역적 추리 가능 · 가능성과 실재 간의 체계적이며 논리적 추론 가능

피아제의 인지 발달 단계

초등 고학년이 되면 중학생이 목전이라는 생각에 학습량을 늘립니다. 반면, 책에 대한 호불호가 강해져서 좋아하지 않는 책은 읽지 않습니다. 대부분의 아이가 그렇습니다. 고학년 아이들은 읽기량이 늘 부족합니다. 따라서 교과서와 연계된 책을 많이 읽는 것이 교과력 민감성을 높이는 좋은 방법이 될 수 있습니다.

하지만 놀랍게도 평소에 책을 많이 읽은 아이들도 중학교 첫 시험을 보고는 좌절합니다. 독서 습관도 잘 잡혀 있고 문해력도 있는데 이것을 교과 공부로 옮기지 못해, 교과서를 읽어내지 못한 탓입니다. 초등학생 때 이런 시험을 치지 않으니 시험 문제에 익숙하지 않기도 하고요. 교과서를 아예 한 번도 펼쳐보지 않고 시험을 치는 아이도 많습니다. 교과서를 학교에 두고 다녀서 그런지 문제집이 교과서보다 보기 좋게 만들어져서 그런지, 많은 아이가 교과서보다 문제집으로 공부합니다. 그 모습을 볼 때마다 안타깝습니다.

교과서는 아무리 친절하게 만들어도 학습이 목적이라 친절하게 느껴지지 않습니다. 한마디로 재미없습니다. 재미없으니 손이 선뜻 가지 않습니다. 초등 고학년 때는 바로 이 재미없음을 극복하고 교과서를 중심으로 스스로 읽고 내용을 정리해야 합니다. 본격적으로 교과서 공부에 뛰어들어야 하는 것이죠. 그렇지 않으면 교과서 내용을 바탕으로 출제된 시험 문제 자체를 이해하지 못할 수 있습니다.

교과서는 어떻게 읽는 게 좋을까요? 교과서를 읽을 때는 독해 전략을 사용해서 정독합니다.

효과적인 독해 전략을 알려드릴게요. '읽기 전중후 전략'이라고 하는데요. 읽기를 크게, 읽기 전-중-후 단계로 나눕니다.

읽기 전 책의 제목이나 목차를 보고 어떤 내용인지 예측합니다. 교과 중에서 특히 사회 교과나 과학 교과의 경우 단원명과 목차가 단원의 핵심 내용이기 때문에 사회 교과나 과학 교과를 공부할 때 추천합니다.

다음 단계로 글을 읽습니다. 읽기 중 단계인데요. 이때는 필기구가 필요합니다. 글을 읽으며 중심 내용을 찾아 밑줄을 긋거나 자신이 세운 기준에 따라 개념은 동그라미, 핵심어는 세모를 하는 등 여러 모양으로 표시합니다. 읽다가 모르는 단어가 나오면 그 단원 읽기가 끝나고 국어사전을 찾거나 관련 책을 찾아 읽는 등의 방법으로 확실히 이해해야 합니다.

읽은 후에는 내용을 제대로 잘 이해했는지 요약해서 정리하여 직접 노트에 글로 씁니다. 요즘 초등학교에서 많이 사용하는 배움 노트를 활용하면 좋습니다. 내용을 정리하면서 부족한 부분이 있다면 다시 교과서를 읽으며 꼼꼼히 이해하는 거죠. 제대로 이해했다 싶으면 문제집을 풀면서 학습 이해 정도를 체크해도 좋습니다. 초등 고학년이라고 해서 문제의 양에 집착할 필요는 없습니다. 교과서 내용을 확인하는 정도면 충분합니다.

읽기 전	- 책 제목을 보니 어떤 내용일 것 같아? - 목차를 보니 어떤 내용을 다루고 있을 것 같아?
읽기 중	- 읽고 있는 문장이 무슨 뜻인지 이해가 되니? - 이 문단에서 이야기하는 내용이 뭔지 요약해볼까? - 제일 중요한 문장이 뭔지 밑줄을 그어보자. - 이 책을 읽고 알게 된 게 뭐야?
읽기 후	- 읽은 내용을 정리해볼까? - 다 읽고 나서 더 알고 싶은 건 없어?

읽기 전중후 전략

위의 질문을 다 하지 않아도 됩니다. 한두 개면 충분합니다.

물론 이 읽기 전략은 중학생에게도 쉬운 활동이 아닙니다. 그렇지만 초등 고학년 때부터 훈련해두는 것이 좋습니다. 그래야 중고등학교 때 제대로 읽을 수 있거든요. 이렇게 공부해야 중학교, 고등학교 시험에서 좌절하지 않습니다.

교과력 민감성을 높이기 위해 교과서를 제대로 읽고 파고드는 훈련을 했다면, 교과서를 바탕으로 한 여러 활동들을 해야 합니다.

교과서 수록 작품은 분량의 제한으로 교과서에 일부만 수록된 경우가 많습니다. 이 작품의 전문을 읽어야 합니다. 요약본보다 전문을 찾아 읽는 것이 좋습니다.

늘어나는 글쓰기에 대비해서 쓰기 활동도 함께 해봅니다. 추천하는 것으로는 일기 쓰기가 있습니다. 일기는 꼭 길게 쓰거나 내용이 훌륭하지 않아도 됩니다. 글을 쓰면서 생각을 정리하는 과정이 필요한 거니까요. 일기를 쓰면 생각을 정리하는 것을 연습할 수 있습니다. 독서 감상문을 쓰는 것도 좋은 방법입니다.

중학교: 어휘력 다지기

중학생은 초등학생 때보다 학습량과 학습 시간이 늘어납니다. 하지만 여유 시간이 생기면 게임을 하거나 휴대폰으로 SNS 활동을 하기 바쁘지요. 안 그래도 부족한 학습 시간이 더 부족합니다. 그래도 다행인 것은 이해력이나 독서 능력이 높아져 공부를 효율적으로 할 수 있다는 것입니다.

초등학교 때가 교과력의 싹을 틔우는 시기였다면 중학교 때는 교과력을 키우는 시기입니다. 중학교 교과서는 초등학교 교과서보다 글이 많습니다. 학습 내용도 훨씬 깊어지고 학습량도 늘어나고요. 초등학교는 7교시까지 있는 날이 없지만, 중학교는 7교시까지 수업하는 날이 주 2~3회 정도 있습니다. 수업 시간도 40분에서 45분으로 늘어납니다.

중학교 선생님들은 각 과목 전공자들입니다. 전공과목의 시각으로 대상을 바라보고 내용을 해석합니다. 교과서의 내용도 그렇지만 선생님이 쓰는 표현이나 어휘도 과목별 특징이 드러납니다.

얼마 전, 학생들을 인솔해 수학여행을 다녀왔습니다. 똑같은 박물관을 관람했는데, 국어 선생님, 미술 선생님, 역사 선생님, 영어 선생님, 수학 선생님이 박물관을 관람하는 포인트가 다 달라서 아이들과 한바탕 웃었던 일이 있었습니다. 세상을 바라보는 눈도 교과목 선생님마다 참 다르더라고요. 사용하는 어휘도 교과목 선생님마다 차이가 크겠지요.

수업 시간 사용하는 어휘는 일상어가 아닌, 교과서를 바탕으로 한 학습어입니다. 교과서의 내용을 이해해야 수업 내용도, 선생님의 말씀도 이해할 수 있습니다.

중학교 1학년 아이들의 경우 명확한 학습 수준 차이가 드러나지는 않습니다. 그러나 어휘력, 이해력 등이 차이 납니다. 신기하게 그 차이가 중학교 3학년이 되면 성적 차이로 굳어져 있습니다. 같은 아이들을 3년 동안 가르칠 때마다 느끼는 것입니다. 이 어휘력의 차이가 성적으로 굳어지기 전에 어휘력을 단단히 키워둬야 성적을 잘 받을 수 있습니다.

요즘 아이들은 어휘력이 빈약합니다. 책을 읽게 하려는 부모의 여러 노력에도 불구하고 많은 아이가 독서가 아닌 다른 것을 즐깁니다. 주변에 독서보다 재미있는 것이 널려 있거든요. 정보를 얻을 때도 책보다 유튜브를 더 많이 이용합니다.

아빠와 아들이 컴퓨터 조립하는 일화를 읽은 적이 있습니다.

아빠는 설명서를 찾아서 컴퓨터를 조립하고 있었는데, 아들은 설명서는 못 읽겠다며 유튜브에서 조립 영상을 찾아서 그걸 보고 컴퓨터를 조립했다고 합니다. 아빠는 영상은 너무 빨리 지나가서 설명서가 더 나았다고 하고요. 세대 차이가 확 느껴지죠? 확실히 요즘 아이들은 영상을 더 많이 접하고 편하게 여기는 것 같습니다.

영상에서 사용하는 어휘에 대해 생각해 본 적이 있나요? 영상은 말을 하는 상황이기에 구어적 어휘와 일상어를 많이 사용합니다. 공부할 때는 문어적 어휘와 학습어를 사용합니다. 구어^{口語}적 어휘는 말 그대로 입으로 주로 사용하는 어휘, 즉 입말이고, 문어^{文語}적 어휘는 글에서 주로 사용하는 어휘, 즉 글말입니다. 이 둘은 다릅니다.

우리 아이들이 공부하기 위해 익혀야 할 어휘는 구어적 어휘나 일상어가 아니라 문어적 어휘와 학습어입니다. 그것을 익히기 위해서는 문어적으로 표현하고 있는 책을 읽고 교과서를 공부해야 합니다.

문어적 어휘를 익히기 위해서는 초등학교에서 사용하던 어휘에서 벗어나 새로운 어휘를 학습해야 합니다. 같은 용어라 해도 초등학교에서는 학습 어휘에 익숙하지 않기 때문에, 학습 개념어보다 그것을 설명하는 어휘를 주로 사용합니다. 그러나 중학생은 학습 개념어를 이해할 만큼 이해력도 자랐고, 초등학생 때 학습 어휘에 익숙해졌기 때문에 학습 개념어를 직접 사용합니다. 예를 들면, 초등학교에서 '느낌을 나타내는 문장'은 중학교에서 '감탄문'으로, 초등학교에서 '움직임을 나타내는 낱말'은 중학교에서 '동사'로, 용어가 달라집니다. 초등학생과 중학생에게 다르게 표기되었지만, 결국 같은 대상을 가리키는 말입니다.

고등학교는 중학교에서 사용하던 어휘가 이어집니다. 중학교 때, 어휘를 탄탄히 다져야 하는 이유입니다. 고등학교에서는 중학교 때 배운 내용을 바탕으로 응용, 확장해서 수업합니다. 예를 들면, 중학교 1학년 국어 시간에 품사를 배웁니다. 품사의 뜻과 각 품사에 대해서 다양한 활동을 통해 꼼꼼하게 배웁니다. 고등학교 국어 수업 시간에도 품사를 다루는 시간이 있습니다. 그런데 고등학교 때는 중학교 때만큼 품사에 대해 자세히 설명하고, 다양한 예로서 품사를 이해시키지 않습니다. 안 그래도 바쁜 수업 시간에 이미 중학교 때 다룬 내용을 중복할 시간이 없습니다. "품사는 이런 거 있었던 거 기억하지? 이 부분에서 이 품사가 이렇게 쓰여 있는 거야. 그러면 이건 품사가 뭐겠어?" 하면서 중학교 때 배운 내용을 간단히 언급하고, 해당 내용을 알고 있다는 전제하에 다음 단계의 내용을 수업합니다.

이 외에도 교과 수업 시간에 선생님들이 사용하는 모든 어휘도 중학교 때 교과서에 나왔던 내용입니다. 중학교 때 교과서를 바탕으로 개념어를 비롯한 어휘를 익혀두어야 고등학교 때 교과력을 꽃피울 수 있습니다.

어휘력을 키우기 위해서 독서가 뒷받침되면 좋습니다. 앞서 이야기한 교과 연계 도서를 활용할 수 있겠지요. 책 속에는 평소 접하기 힘든 어휘가 많습니다. 하지만 뭐든 읽기만 하면 어휘력을 잘 쌓을 수 있을 것이라는 막연한 생각은 위험합니다. 책이든 교과서든 단순히 '읽기'만 하면 안 됩니다. 모르는 어휘가 나오면 먼저 그 어휘의 뜻을 짐작합니다. 다음으로 국어사전을 찾습니다. 사전에서 뜻을 찾아 노트에 옮겨 쓰고, 이 단어를 활용하여 예문을 만듭니다. 단어를 활용해서 적절한 예문을 만들 수 있다면 그 단어를 완전히 이해했다고 볼 수 있습니다. 읽으면서 모르는 단어를 표시해 두었다가 한 단원이나 한 챕터가 끝나고 나서 사전을 찾으면 됩니다.

단어		날짜	
사전 의미			
예문 만들기			

국어사전을 활용해 어휘 공부하기

낯선 어휘도 자주 사용해야 익숙해집니다. 제일 좋은 방법은 실제 글을 쓸 때 그 어휘를 활용해보는 것입니다. 중학교는 모든 과목에서 수행평가가 있습니다. 그중 글쓰기(발표형 포함) 수행평가가 제일 많지요. 글쓰기나 발표형 수행평가를 할 때, 자신이 익힌 어휘를 활용해서 글을 쓰거나 발표합니다. 그러면 글이 더 풍성해지고 전하고자 하는 바도 더 명확하게 전달할 수 있거든요.

다음으로 학습 내용을 노트에 정리해봅니다. 수업 시간에 배운 내용을 과목별 노트에 정리하는 것입니다. 이렇게 하면 첫째, 교과서를 다시 읽을 수 있습니다. 둘째, 수업 시간에 배운 내용을 다시 떠올릴 수 있습니다. 셋째, 학습 내용을 나의 언어로 다시 정리할 수 있습니다. 노트 정리를 통해 교과서에서 다루는 어휘와 개념을 탄탄히 익힐 수 있습니다.

중학교 때 쌓은 어휘력은 고등학교에서 어떤 바람에도 흔들리지 않는 튼튼한 뿌리가 됩니다.

고등학교: 출제 의도 읽어내기

수업 방법이나 수업의 목표가 달라 단순 비교할 수는 없지만 중학교에서 시 한 편을 3~4시간 동안 수업하는 데 비해, 고등학교에서 평균적으로 고1의 경우 1시간에 시 한 편을, 고2의 경우 1

시간에 시 두 편을, 고3의 경우 1시간에 시 세 편을 수업합니다. 저뿐 아니라 다른 과목 선생님들도 비슷한 분량으로 수업합니다.

고등학교에서 수업 중 작품에 관해 설명하는 내용을 얼마나 빠르게 다루고, 수업 시간에 많은 양의 교과 관련 학습량이 쏟아지는지 짐작되시죠? 이 엄청난 학습량을 견디려면 중학교 때, 선행하는 것보다는 먼저 교과력을 탄탄하게 다져두어야 합니다.

고등학교 수업 시간에 다루는 내용과 중학교 수업 시간에 다루는 내용은 비슷합니다. 하지만 수업 방법은 달라집니다. 중학교 때는 다양한 활동을 통해 개념을 익히고 그것을 체득하는 수업이었다면, 고등학교는 중학교 때 배운 내용을 심화, 확장해서 다양한 상황에 적용하는 것으로요. 여기에 더해 새로운 개념을 익히고요. 이제 단순한 암기로는 고등학교 공부를 따라갈 수 없습니다.

아이들과 상담하면서 가장 많이 들은 이야기가 '중학교 때는 이렇게 공부를 못하지 않았는데 고등학생이 되고는 아무리 열심히 해도 성적이 오르지 않는다'라는 것이었습니다. 그 이유를 따져보면, 많은 아이가 중학교 때 읽기 훈련을 거의 하지 않았고, 시험에 급급해 교과서보다 문제집을 중심으로 공부했기 때문입니다.

책을 좋아하던 아이들도 중학생이 되면서 공부하느라 독서를 멀리하면서 독서량이 급격히 줄고, 시험 기간이 되면 주로 학원에 다니며 학원에서 찍어주는 대로 공부하기 바쁩니다. 중학생 아이들을 살펴봐도 대부분이 학원 숙제에 치여 스스로 공부할 시간이 부족해 보입니다.

그 아이들에게 교과서를 혼자서 읽거나 정리해 본 적이 있냐고 물어보면 대부분 고개를 젓습니다. 이렇게 스스로 교과서를 읽고 이해하고 정리하는 과정이 빠지고 정리된 문제집만 수동적으로 공부하다 보니 당연히 고등학교에서 교과력이 떨어질 수밖에요.

고등학교 공부는 지금까지 축적된 지식을 바탕으로 한 학습 탐구 과정입니다. 교과별 특성에 맞춰 교과서 내용을 이해하고, 이 내용을 응용해 놓은 시험 문제를 풀면서 교과서 내용과 수업 시간에 배운 내용을 제대로 익혔는지 확인하는 것입니다.

아래는 제가 고등학교에서 출제한 국어 문제입니다.

7. (가)의 ㉠과 가장 유사한 표현 방식이 쓰인 작품은?
① 차단한 등불이 하나 비인 하늘에 걸려 있다.
내 호올로 어딜 가라는 슬픈 신호냐.

긴 여름 해 황망히 나래를 접고
늘어선 고층 창백한 묘석(墓石)같이 황혼에 젖어
찬란한 야경 무성한 잡초인 양 헝클어진 채
사념(思念) 벙어리 되어 입을 다물다.
피부의 바깥에 스미는 어둠

낯설은 거리의 아우성 소리

　까닭도 없이 눈물겹고나.

김광균, 〈와사등〉

② 아무도 그에게 수심(水深)을 일러준 일이 없기에

흰나비는 도무지 바다가 무섭지 않다.

청(靑)무우밭인가 해서 나려갔다가는

어린 날개가 물결에 절어서

공주처럼 지쳐서 돌아온다.

삼월(三月)달 바다가 꽃이 피지 않아서 서글픈

나비 허리에 새파란 초생달이 시리다.

김기림, 〈바다와 나비〉

③ 어둠은 새를 낳고, 돌을

낳고, 꽃을 낳는다.

아침이면,

어둠은 온갖 물상(物象)을 돌려 주지만

스스로는 땅 위에 굴복한다.

무거운 어깨를 털고

물상들은 몸을 움직이어

노동의 시간을 즐기고 있다.

즐거운 지상(地上)의 잔치에

금(金)으로 타는 태양의 즐거운 울림.

아침이면,

세상은 개벽을 한다.

박남수, 〈아침 이미지〉

④ 님은 갔습니다. 아아, 사랑하는 나의 님은 갔습니다.

푸른 산빛을 깨치고 단풍나무 숲을 향하여 난 적은 길을 걸어서 차마 떨치고 갔습니다.

황금의 꽃같이 굳고 빛나든 옛 맹서(盟誓)는 차디찬 티끌이 되어서 한숨의 미풍(微風)에 날아갔습니다.

날카로운 첫 키스의 추억은 나의 운명의 지침(指針)을 돌려 놓고, 뒷걸음쳐서 사라졌습니다.

나는 향기로운 님의 말소리에 귀먹고, 꽃다운 님의 얼굴에 눈멀었습니다.

한용운, 〈님의 침묵〉

⑤ 넓은 벌 동쪽 끝으로

옛이야기 지줄대는 실개천이 회돌아 나가고,

얼룩백이 황소가

해설피 금빛 게으른 울음을 우는 곳,

－그곳이 차마 꿈엔들 잊힐 리야.

정지용, 〈향수〉

수업 시간에 공감각적 이미지에 대해 다루었습니다. 중학교 때도 공감각적 이미지에 대해 배웠지요. 이 개념을 중학교에서는 쉬운 작품으로 배우고, 이 표현법이 드러나게 시나 짧은 글을 쓰며 익혔을 겁니다. 고등학교에서는 더 어려운 작품을 배우면서 개념을 다시 공부했습니다. 한 단계 더 나아가 감각의 전이도 배웠습니다. 시험에서는 개념뿐 아니라 실제 개념이 적용된 작품을 찾아야 합니다.

출제하고 나서, 많은 아이가 따지러 왔습니다. 문제지에 제시된 시는 배운 적이 없다고요. 제가 다시 물었습니다. 공감각적 이미지에 대해 배우지 않았느냐고요. 그랬더니 공감각적 이미지와 감각의 전이에 대해서 배우기는 했지만, 그래도 문제에서 제시된 시는 배운 적이 없다고 답했습니다.

저는 이렇게 이야기했습니다. "이 개념에 대해서 알고 있는지 다른 작품을 통해 확인하는 문제다. 중학교 때는 배운 시의 구절에서 공감각적 이미지를 다룬 부분을 찾거나 그 구절에 사용된 표현 방식이 무엇이냐 물었겠지만 고등학교는 그렇지 않다. 중학교 때와 다르게 배운 개념을 다른 작품에서 응용해 찾을 수 있는 것이 고등학교 시험 문제다. 그리고 분명 그 개념을 가르치고 수업 시간에 다룬 작품 속에서 어떻게 드러났는지 설명했다. 고등학교에서는 단순히 개념을 익히는 것만이 아니라 그것을 다룬 다른 작품에 적용하거나 적용된 것을 찾는 것까지 할 수 있어야 한다. 수능에서도 이렇게 네가 다뤄보지 않은 작품을 제시할 거다. 그때 배우지 않은 작품이라도 문제에서 요구하는 것을 찾을 수 있어야 한다. 세상의 모든 작품을 네가 미리 공부해 둘 수는 없다. 고등학교 시험에서 문제를 읽어내는 훈련을 해야 하지 않겠느냐"라고 말이지요. 아이들은 그제야 고개를 끄덕였습니다.

고등학교에서는 국어뿐 아니라 모든 과목의 시험 문제를 낼 때, 수업 시간에 배운 내용 그대로를 출제하지 않고, 수능형으로 출제합니다. 가령 역사 시험의 경우 모든 문제마다 사료가 보기로 제시되고 그 사료의 내용을 읽어내야 문제를 풀 수 있습니다. 문제를 읽고 이해한 뒤, 출제자의 의도를 파악해 문제를 해석하고, 적용된 내용을 이해할 수 있어야 합니다.

초등 교과서
공부의 기술:
교과력
기초 내공 쌓기

초등 시기는 아이의 교과력을 기를 수 있는 골든 타임입니다. 학습량이 비약적으로 많아지고, 공부가 어려워지는 중고등 시기에는 교과력을 기르는 데 시간을 내기가 현실적으로 어려운 게 사실입니다. 상대적으로 시간이 있는 초등 시기에 읽기와 쓰기 습관을 형성하여 기초 문해력을 높여야 합니다. 국어 교과서를 시작으로, 여러 과목의 교과서를 읽고 활동해 기초 문해력을 교과력으로 성장시키는 것이 중요합니다.

4장

교과서 내용을
이해하지 못하는 초등 아이들

기초 문해력 높이는
읽기·쓰기 습관 만들기

중학교에서는 학습을 목적으로 한 활동 중심 수업이 운영됩니다. 자기 생각과 의견을 발표하고 그것을 정리합니다. 초등학교 때 교과력을 기르지 않으면 중학교 수업에 참여하기 힘들겠지요. 예를 들면, 모둠 수업을 할 때가 있습니다. 모둠 사이를 돌아다니며 활동 모습을 관찰하다 보면 모둠을 끌고 가는 아이도 있고, 이해하지 못하고 멍하게 있는 아이도 있습니다. 모둠을 끌고 가는 아이는 활동 목표를 명확히 이해한 아이입니다. 모둠 활동이 교과서의 어떤 내용에 해당하는지 제대로 이해하고 활동합니다.

초등학교에서 교과력을 기르기 위해서는 읽기와 쓰기 습관을 바탕으로 기초 문해력을 높여야 합니다.

읽기 습관을 들이기 위해서는 먼저 읽는 재미를 느끼고 유지하는 것이 중요합니다. '초등 읽기 로드맵'을 세워주세요. 읽기 로드맵을 세울 때는 꼭 교과서를 포함해야 합니다. 학년별로 교과서에 나오는 작품을 읽히면서 함께 읽을 만한 책을 찾아 같이 읽히는 거죠. 학년이 올라가며 읽는 책의 권수는 줄어들어도 독서의 질은 줄지 않아야 합니다. '교과서 읽기 - (교과서와 관련 있는) 다양한 책 읽기 - 교과서 다시 읽고 교과서 내의 활동하기'의 순서로 공부하면 좋습니다.

초등 저학년은 다양한 그림책을 읽혀주세요. 국어 교과서에 그림책이 많이 제시되어 있습니다. 그림책은 두께가 얇고 글밥도 적어 금세 읽을 수 있고, 짧은 시간에 많은 양을 읽을 수 있어 성취감을 느낄 수도 있습니다. 같은 책을 여러 번 읽어도 좋습니다. 그 책에서 재미를 느꼈기 때문이니까요. 그림책을 잘 읽으면 저학년 문고를 읽히는 것도 좋습니다.

초등 중학년 국어 교과서의 글은 길이가 길어집니다. 제 수준의 문해력을 갖추었는지 확인해보고 싶다면 교과서를 읽혀보세요. 교과서를 잘 읽으면 책의 폭을 넓히면 됩니다. 중학년은 삽화가 많이 있는 중학년 문고와 글밥이 제법 있는 이야기책, 그림책을 섞어서 읽힙니다. 아직 긴 글을 읽기 힘들어하는 경우가 많으니 아이가 부담을 느끼지 않고 즐겁게 읽을 정도의 분량으로 선택해주세요. 교과서 수록 작품을 읽힌 뒤, 교과서에 있는 활동을 하면 학습 활동이 더 풍성해질 겁니다.

초등 고학년 국어 교과서에는 주장하는 글쓰기, 설명하는 글쓰기 등 비문학 글쓰기 활동들이 제시됩니다. 이 글쓰기 활동을 대비하려면 다양한 영역의 비문학 책을 읽혀야 합니다. 청소년 문학도 당연히 읽고요.

청소년용 비문학 책은 대체로 두께가 얇습니다. 제목도 '10대를 위한~', '청소년을 위한~' 등의 이름으로 시작하는 시리즈물입니다. 이런 책들은 청소년용으로 나와 어렵지 않고 그림이나 도표도 많습니다. 그 덕에 비문학 제재를 훨씬 수월하게 접할 수 있습니다. 사회, 과학 등의 교과서에 있는 내용과 연계된 책으로 읽힙니다.

청소년 문학은 광범위합니다. 하지만 대개 이백 페이지가량이면 충분합니다. 책을 바로 아이에게 건네지 마시고, 먼저 읽어보거나 인터넷에서 내용을 검색해본 뒤에 건네주세요. 권장 도서라는데 내 아이에게 안 맞는 경우도 꽤 있거든요.

그래도 책을 선택하기가 힘들다면 교보문고 등의 인터넷 서점에 들어가 보세요. 각 인터넷 서점마다 연령대별로 추천 도서 목록이 나와 있습니다. 이 목록을 참고하면 책 선정에 도움이 될 겁니다.

쓰기 습관도 중요합니다. 기초 문해력은 읽기만으로 키워지지 않습니다. 읽기와 쓰기가 적절히 균형을 이루어야 기초 문해력이 향상되고, 이것이 교과력으로 이어질 수 있습니다. 읽기와 쓰기 모두 고려해야 합니다.

특히, 초등학교에서 일기를 쓰는 것은 글쓰기 연습에 좋은 방법입니다. 저희 아이들을 보니 주제 일기를 쓰기도 하고, 여러 가지 재미있는 내용을 정해서 쓰더라고요. 여러 주제의 일기를 쓰면 글씨 쓰기 연습도 되고, 글쓰기 훈련도 할 수 있습니다.

독서 후 감상문을 쓰는 것도 좋은 방법입니다. 글의 길이는 중요하지 않습니다. 책을 읽은 자신의 느낌을 정리하고 표현하면서 생각을 정리할 수 있습니다. 또, 자신이 쓴 글을 읽고 다듬으며 글을 조직하는 방법도 익힙니다. 글은 꾸준히 써야 잘 씁니다. 글을 써봐야 글을 읽을 때도 이 글을 어떻게 썼을까 생각하게 됩니다. 글쓴이의 의도를 의식하는 거죠.

글을 쓰는 것은 글을 읽는 것보다 더 고차원적인 역량이 필요합니다. 독서는 책에 담긴 내용을 수용하는 행위이지만 글을 쓰는 것은 빈 종이에 내용을 채워야 하기에 더 능동적이고 주도적인 행위입니다.

독후감과 일기 쓰기를 어떻게 해야 할지 모르겠다면 다음에 제시된 틀을 참고하세요.

책 제목	
책 표지를 보고 무슨 생각을 했어?	
이 책은 어떤 책일 것 같아?	
주인공은 누구야?	
언제, 어디에서 일어난 일이야?	
주인공이 원한 게 뭐야?	
주인공은 뭐 때문에 힘들었어?	
어쩌다 그렇게 된 거야?	
그 일을 어떻게 해결했어?	
그래서 마지막엔 어떻게 됐니?	
그 책을 읽고 제일 기억나는 게 뭐야?	

독후감 쓰기

년   월   일   요일

오늘 가장 인상 깊었던 일이 뭐니?	

그때 무슨 생각(느낌)이 들었어?	
그래서 어떻게 해야겠다고 생각했어?	

일기 쓰기

읽기 습관과 쓰기 습관 둘 다 교과력을 키우기 위한 필수적인 방법입니다. 초등학생이라면 언제 시작하든 늦지 않습니다. 이 두 가지 방법 모두 국어 교과서에 담겨 있습니다. 국어 교과서에 있는 활동을 하다 보면 기초 문해력이 교과력으로 성장하는 경험을 할 겁니다. 다른 과목의 교과서도 읽고 활동하면 여러 영역의 교과력이 함께 성장하겠지요. 교과서를 읽고 쓰는 생활 습관이 교과력을 높이기 위한 습관이 되는 겁니다. 시작할 때는 짧아도 됩니다. 부담을 느끼지 않게 최소 분량으로 시작해도 좋습니다.

글을 쓸 때는 고학년용 노트의 한 페이지를 다 쓸 수 있을 때까지 조금씩 늘려주세요. 처음에는 세 줄 쓰기로 시작해서 일주일에 한두 줄씩 늘려나가는 거죠. 쓰기의 내용은 독서 감상문이나 일기

뿐 아니라 그날 학교에서 배운 수업 내용이어도 좋습니다. 배운 것을 교과서를 보며 정리하는 연습입니다. 초등학교를 졸업할 무렵 노트 한 페이지 정도의 분량을 쓸 수 있다면 중고등학생이 되어서도 기초 문해력 걱정을 하지 않아도 됩니다.

초등 교실에서 만나는 교과력 부진아들

　교실에서 만나는 아이들의 교과력 수준은 천차만별입니다. 반 편성할 때는 어느 한 학급에 특정 성적의 아이들이 몰리지 않도록 최대한 골고루 배치합니다. 그렇게 하지 않으면 어떤 반은 성적이 우수한 아이들이 몰리고, 어떤 반은 성적이 낮은 아이들이 몰릴 수 있습니다. 그에 따라 학급 분위기도 많은 차이가 나겠지요.

　그런 일이 발생하지 않도록 가능한 전체 반의 평균 성적을 맞춰서, 한 학급 내에 모든 성적의 아이가 있을 수 있도록 골고루 반을 편성합니다. 같은 반이라 해도 아이들의 읽기 능력이나 듣기 능력도 천차만별이겠지요. 이런 상황은 초중고가 다 비슷합니다.

중고등학생은 학습 중심으로 수업이 이루어집니다. 학습 결과는 점수로 드러납니다. 중고등학생 때는 교과력의 차이가 성적으로 명확히 드러나는 거죠.

그런데 초등학교는 그렇지 않습니다. 초등학교도 단원평가와 수행평가 등 다양한 평가가 이루어지지만, 성적 차이가 아이들에게 명확히 드러나지 않습니다. 교과력도 마찬가지입니다. 초등학생 아이들의 단원평가 성적과 학기 말 성적표를 통해 성적이나 교과력 정도를 가늠할 수 있으나 차이가 명확하지는 않습니다.

초등학교 선생님에게 들은 초등 1학년부터 6학년까지 교실의 이야기는 놀라웠습니다. 그중 제 마음을 끈 것은 교과력 관련 내용이었습니다. 저학년 교실과 고학년 교실에서 일어나는 읽기 부진 현상은 조금 다른 양상을 보입니다. 그러나 두 상황 모두 심각합니다.

초등 저학년 교실의 듣기 부진아들

기초 문해력을 키우기 위해서 읽기가 중요하다고 말씀드렸습니다. 그런데 초등 저학년 교실은 기초 문해력이나 읽기 습관보다 더 큰 문제가 있습니다. 많은 아이가 '말을 알아듣지 못한다'라는 사실입니다.

무슨 말이냐고요? 언젠가 큰 아이가 초등학교에 입학할 때, 아는 초등학교 선생님들께 초등 입학 준비로 제일 중요한 게 뭔지 물었습니다. 저는 학습적인 면에 관한 대답이 나올 거라고 생각했습니다. 학습을 어떻게 대비할 것인지 알기 위해 질문한 거였죠.

그런데 선생님들의 입에서는 전혀 생각하지 못한 답이 나왔습니다. 한글 익히기, 덧셈이나 뺄셈 공부하기보다 더 중요한 것이 있는데, 그것이 바로 우유갑 열기, 자기 자리에 바르게 앉기, 선생님 말씀에 귀 기울여 듣기 같은 것들이었습니다.

저는 그 답을 들으며 그런 건 기본이 아닌가 생각했습니다. 공부가 아니라 생활 습관이 중요하다니요. 공개 수업 날이 되어 1학년 교실에 찾아가 보고서야 그 말의 뜻을 이해할 수 있었습니다.

교과력도 마찬가지입니다. 초등 저학년 교실에서는 수업 시간에 교과서를 읽는 것은 고사하고 선생님 말씀조차 알아듣지 못하는 경우도 많습니다.

"가운데 선을 맞춰서 접으세요"라는 말을 이해하지 못해서 종이접기 시간 내내 손을 들고 "선생님, 모르겠어요. 도와주세요"라고 하는 아이도 있고, "30쪽을 펴세요"라고 해도 해당 쪽을 펴지 못하고 가만히 있는 아이도 있습니다. 중학교에 근무하는 저로서는 상상도 하기 힘든 이야기들입니다.

한 선생님이 이야기한 에피소드도 인상적입니다. 선생님이 알

림장에 '수학 익힘책 10~12쪽을 풀어오기'라고 썼습니다. 그랬더니 10, 12쪽은 풀고, 11쪽은 풀지 않은 아이가 학급의 절반이었다고 합니다. 이런 이야기들은 교과력과 관련 없어 보이는 일상적인 이야기라고 생각되지 않나요? 결코 그렇지 않습니다. 듣기 능력이 바로 교과서 공부의 시작이거든요.

교과서 공부와 관련 있다고 생각할 수 없는 다양한 일들이 저학년 교실에서 일상적으로 일어나고 있습니다. 저학년 때 듣기로 교과력을 다져야 중학년 때 읽기로 이 교과력을 키울 수 있습니다.

저학년 교실에서 '가라사대 놀이, 끝말잇기, 꽁지 따기, 시장에 가면'과 같은 다양한 말놀이를 합니다. 이 놀이는 얼핏 보면 놀이 활동이지만 그 이면에 교과서를 이해하는 힘을 키우려는 의도가 있는 겁니다. 듣기 훈련은 읽기 실력의 향상으로 이어집니다.

저학년 때 듣기 능력을 완성해야 합니다. 저학년 듣기 능력의 부족은 고학년 학습 능력의 부족으로 이어질 수 있습니다.

저학년 아이의 듣기 능력을 향상하기 위해서는 대화를 많이 하세요. "오늘은 날씨가 화창하네", "저기 고양이 봐. 고양이가 나무 사이로 살금살금 지나간다" 등의 일상 이야기를 나누는 것입니다. '화창하다', '살금살금'처럼 서술어나 부사어를 활용하면 대화가 풍부해집니다. 이때 나누는 대화들이 아이의 어휘력 주머니 크기를 결정하니 가능한 다양한 어휘를 사용해주세요. 아이가 이 말들을 이해하지 못할 때 차근차근 설명하고 이해시키는 과정에서 들기 실력이 성장합니다.

대화뿐 아니라 책도 읽어야 합니다. 저학년 때는 부모님이 소리 내서 책을 읽어주는 것이 좋습니다. 그러면 부모의 목소리를 귀로 듣고 책에 쓰인 글을 눈으로 읽으면서 책의 내용을 이해합니다.

이렇게 듣기 능력과 읽기 능력을 함께 키워야 합니다. 읽기 능력은 앞으로 꾸준히 키워야 하지만 듣기 능력은 저학년 때 완성됩니다.

초등 고학년 교실의 읽기 부진아들

초등 고학년 교실은 저학년 교실과 다른 문제가 있습니다. 고학년은 저학년보다 학습량이 많습니다. 교과서에도 교과 개념을 다루고 쓰기 활동이 늘어납니다. 그 이전 학년과 수업 내용이나 수업 방식이 달라집니다. 중학년까지 만들기나 그리기를 통한 표현활동이 중심이었다면 고학년은 말하기나 쓰기를 통한 표현활동을 중심으로 수업 방법이 달라집니다. 교과서에 글을 써야 하는 공간도 늘어납니다. 만들기나 그리기 활동에 비해, 말하기나 쓰기 활동에는 기본적인 문해력이 있어야 합니다.

선생님들도 고학년이 되면 수업 내용을 노트에 필기하거나 교과서 내용에서 다양한 표시를 하며 교과서를 구조화하여 읽게 합니다. 하지만 그 활동조차 힘든 아이들이 있습니다. 읽기 부진아들이지요. 이 아이들은 교과서를 읽는 것도 힘들어합니다. 읽기도 힘든 아이들에게 필기하게 하거나 교과서를 구조화하게 하기는 불가능합니다.

고학년에 맞는 방법으로 기초 문해력을 높여야 합니다. 대화로 문해력을 키우기에는 늦습니다. 고학년 아이는 독서로 문해력을 키워야 합니다. 만화책만 읽고 있거나 책을 전혀 읽지 않는다면 만화책을 읽지 못하게 하고, 줄글로 된 책을 읽혀야 합니다.

아이의 학년을 생각하지 말고 다양한 연령대의 책을 읽혀가며 아이의 독서 수준이 어느 정도인지 알아야 합니다. 읽기가 힘든 아이의 경우 아마 중학년이나 저학년에 머물러 있는 수준이 대부분일 겁니다. 제 학년의 도서보다 한두 단계 낮은 책 중에서 재미있게 읽을 책을 골라 권하거나 아이가 흥미를 가질 만한 영상 등을 보게 하고, 그 내용과 관련된 책을 권하는 것이 좋습니다.

시중의 학년별 권장 도서 목록을 이용해 아이의 학년보다 2개 학년 정도 낮은 학년의 책을 읽혀보세요. 대부분의 권장 도서 목록은 제 학년보다 1년 정도 높은 수준을 제시합니다. 2개 학년이 낮으면 아이의 수준이 제 학년보다 한 학년 정도 낮다고 보면 됩니다. 그 책을 이해하면 다음 학년 것, 이해하지 못하면 아래 학년의 것으로 읽히며 아이의 독서 수준을 찾아야 합니다.

그래도 읽지 않으려고 하면 아이에게 책을 읽어주세요. 읽기를 싫어하는 아이들도 듣는 것은 좋아하거든요. 재미있는 부분만 남겨두면 뒤 내용이 궁금해서 책을 마저 읽을 겁니다. 저는 종종 수업하다가 중고등학생들에게 제가 읽었던 책 중 재미있었던 책의 내용을 이야기해주곤 하는데요. 제 이야기가 재미있어서 그 책을 찾아 읽었다는 아이들도 종종 있습니다.

읽기 부진아들에게 교과서를 소리 내서 읽혀보면 교과서에 쓰인 문장을 제대로 이해하지 못했는지, 띄어 읽기★도 힘들어하는 경우가 있습니다. 의미를 파악하지 못하니 교과서를 이해하지 못하는 것도 당연합니다.

초등 고학년 교실의 수업 시간 읽기 부진아들은 두 가지 모습을 보입니다. 하나는 수업 내용을 이해하지 못해서 멍하게 앉아 있거나 꾸벅꾸벅 조는 모습이고, 다른 하나는 수업 내용과 관련 없는 질문을 하거나 엉뚱한 이야기를 하면서 수업을 방해하는 모습입니다. 읽기 부진 정도에 따라 전 과목 수업에서 이런 모습을 보이기도 하고, 특정 과목에서 이런 모습을 보이기도 합니다. 고학년 때 기초 문해력을 키워 본격적으로 교과서 공부에 돌입하지 않으면, 중고등학생 때도 이런 읽기 부진 상태가 지속될 겁니다. 그 고리를 끊어야 합니다.

교실에는 생각보다 다양한 읽기 부진아가 있습니다. 꾸준히 노력하지 않으면 점점 읽기 부진이 심화됩니다. 이 학습 부진을 해결하지 못하면 중고등학교 수업 시간에 엎드려 잠만 자는 아이가 될 수도 있습니다. 읽기 부진이 느껴진다면 당장 그것을 끊어주세요. 그래야 교과서 공부를 시작할 준비가 완성됩니다.

★ 띄어 읽기란?
문장을 읽을 때, 우리는 한 의미 덩어리를 묶어서 읽습니다. 띄어쓰기 단위로 읽지 않습니다. 따라서 띄어쓰기는 쓰기의 기준이고, 띄어 읽기는 의미 단위 읽기의 기준입니다.

교과서의 중요 개념
공부법

중고등으로 갈수록 학습 내용은 방대하고 어려워집니다. 이 학습의 기초를 쌓는 시기는 초등학교입니다. 초등 교육과정에서 학습을 단단히 다져야 합니다.

저희 아이가 초등학생일 때 공부를 봐주다가, 고학년 국어 교과서를 보고 놀랐습니다. 저희 아이를 가르치기 전까지 초등학교 국어 교과서를 보지 않아 초등학교 국어 시간에 뭘 배우는지 몰랐습니다. 그런데 중고등학교 국어 시간에 배우는 내용이 초등 국어 교과서에 다 담겨 있었습니다.

사용하는 어휘나 다루는 깊이에 약간의 차이는 있지만, 기본 내용은 같았습니다. 중고등학교 국어 수업 시간에 제가 아이들에게 늘 이야기하던 내용이 초등학교 국어 교과서에 이미 다 있는 겁니다.

아니, 초등학교 때 이렇게 다 배웠는데 수업할 때마다 그 많은 아이가 이 내용을 모르는 척하고 있었다는 건가 하는 생각이 들어 배신감마저 느껴졌습니다. 매년 수업 시간에 국어 개념들을 설명할 때마다 아이들은 처음 듣는다는 듯이 항상 두 눈만 껌뻑거리고 있었거든요. 초등학교 국어 교과서를 보면서 초중고 학습이 긴밀하게 연계된다는 것을 다시금 확인했습니다.

다른 과목도 마찬가지입니다. 초등학교 때부터 찬찬히 공부한다면 전반적인 학습의 기초를 잘 다질 수 있다는 뜻이지요.

일반적으로 교과서를 완벽하게 공부했다는 것은 교과서 내용을 이해하고 그것을 암기했다는 뜻입니다. 교과서를 읽고, 중요하다고 판단하거나 핵심이 되는 부분에 줄을 그으며 반복해서 읽어야 합니다. 그 한 줄을 제대로 이해하려면 아주 많은 기초 개념과 용어를 알고 있어야 합니다.

한 가지 예를 살펴볼까요? 중학교 1학년 수학에 '소수'의 개념이 나옵니다. '소수'는 '1보다 큰 자연수 중에서 1과 그 자신만을 약수로 가지는 수'를 뜻합니다. 이 소수를 설명하기 위해 '~보다 크다'의 개념, '자연수'의 개념, '약수'의 개념을 알아야 합니다.

'자연수'의 개념은 초등 저학년 때로 돌아가야 합니다. 초등 1~2학년 때 네 자리 이하의 수, 3~4학년 때 다섯 자리 이상의 수 등을 배웁니다. 아이들은 이 수들을 배우며 자연수를 자연스럽게 익힙니다. 이 내용을 바탕으로 5~6학년 때 자연수의 혼합 계산을 배우며 확실히 자연수를 익히죠.

'약수'도 마찬가지입니다. 약수는 2학년 때 곱셈, 3학년 때 나눗셈을 배우고 그 내용을 바탕으로 5학년 때 약수와 배수를 배우며 개념을 익힙니다.

'~보다 크다'는 어떨까요? 1~2학년 때 수의 크기를 비교하고, 4학년 때 수의 크기 비교와 자릿값에 대해 배웁니다. 이 과정에서 '~보다 크다'의 개념을 익히게 되죠. 이 개념은 수학 시간뿐 아니라 국어 시간이나 다른 과목의 수업 시간에도 여러 번 다루었을 겁니다.

이렇게 학년이 올라가며 여러 번 반복하면서 개념을 익혔기 때문에 중학교 1학년 때 소수의 개념을 공부할 때, 그 개념을 정확히 이해하고 공부할 수 있는 거죠. 하나의 개념을 익히려면 이전 학년에서 배운 개념의 벽돌이 차곡차곡 쌓여야 합니다.

아이가 공부하면서 익혀나가는 모든 기초 개념과 용어는 초등 교육과정 속에 녹아 있습니다. 계열성이 가장 강한 과목이 수학이라 수학으로 예를 들었지만 다른 과목도 비슷합니다.

초등학생 때부터 교과서를 읽고, 그 개념과 용어들을 제대로 익혀야 합니다. 물론 다양한 경험과 독서를 통해서 배경지식을 체득하면 교과서가 더 잘 읽히겠지요.

좋다고 하는 모든 것을 다 시킬 수는 없습니다. 모든 걸 공부하기엔 시간도 부족하고 아이도 지칠 겁니다. 선택과 집중이 필요합니다. 그중에서 아이에게 제일 필요한 것이 무엇인지 판단해서 절대 놓치지 말아야겠다는 것을 선택합니다. 이것을 '이 정도면 매일 꾸준히 할 수 있겠다'라는 생각이 들 정도로 적은 양으로 구성합니다.

다이어트를 할 때도 한 달 동안 10킬로그램을 빼겠다고 목표하고 계획을 세우는 것보다 한 달에 1킬로그램씩 열 번을 빼겠다고 목표를 세우는 것이 성공 가능성이 더 큽니다. 공부도 마찬가지입니다. 매일 작은 성취감을 갖게 해서 그것을 꾸준히 이어가도록 하는 것이 중요합니다.

우선순위는 다 다를 겁니다. 그중 교과서 읽기는 우선순위에 꼭 포함해야 합니다. 하루에 딱 10분만 교과서를 소리 내어 읽게 하세요. 10분이면 충분합니다.

'소수'의 예처럼 교과서에 나오는 개념은 매우 중요합니다. 이 개념 하나하나를 쌓아가는 과정이 학교생활이고, 아이마다 다른 자신만의 개념 건물을 만드는 것이 수업 시간입니다.

초등 교육에서 반드시 놓쳐서 안 되는 것은 개념들이고, 개념을 놓치지 않으려면 개념의 정의를 이해해야 합니다. 이 개념은 교과서에 있습니다. 처음에는 힘들어도 점점 잘할 겁니다.

그럼 개념은 어떻게 공부해야 할까요?

국어는 교과서 말풍선과 마지막 정리 부분을 중심으로 배운 것을 정리합니다. 교과서를 읽을 때는 핵심 문장에 줄을 긋고 번호를 붙이고 그 문장들을 모아 순서대로 정리해보며 공부합니다. 긴 글을 쓸 때는 글을 다 쓰고 나서 다른 색의 펜으로 어색한 부분을 고칩니다. 국어 문법을 공부할 때는 용어는 네모나 동그라미 등으로 표시하고 설명 부분을 밑줄 그은 뒤, 관련된 내용끼리 묶어서 정리합니다.

영어는 단원명이 그 단원의 핵심 표현입니다. 핵심 표현이 쓰이는 상황을 파악하고 이해할 수 있어야 합니다. 'Word' 부분은 따라 쓰며 익히고, 'Listening & Speaking'은 핵심 표현을 중심으로 정리합니다. 핵심 표현 부분에 형광펜으로 표시해놓으면 눈에 잘 띄겠죠. 'Reading & Writing'에도 핵심 표현에 형광펜으로 표시하고 자주 틀리는 부분을 점검합니다. 이때, 대소문자를 잘 구분해야 합니다.

수학은 개념을 이해하고 그 내용을 노트에 정리합니다. 그 뒤, 영역별로 개념과 관련된 문제를 하나씩 쓰고, 풀이 과정을 자세히 씁니다. 그리고 핵심 문제 풀이 부분에 형광펜으로 표시해두면 나중에 다시 보더라도 이해할 수 있겠지요.

사회는 교과서에 반복해서 나오는 단어나 교과서 본문 양쪽에 작게 설명이 추가된 단어, 단원 마무리 부분을 중심으로 노트를 정리합니다. 지리 영역을 공부할 때는 지도를 유심히 봅니다. 가능하다면 그림을 직접 그려보는 것을 추천합니다. 직접 그려보면 이해하기가 더 수월하거든요. 역사 영역을 공부할 때는 시간의 흐름 순으로 정리합니다. 제일 앞에 연도를 써 놓으면 시간의 흐름을 더 잘 알 수 있겠지요. 이렇게 정리하고 나서 다른 색의 펜으로 관련이 있는 부분끼리 표시해두면 더욱 좋습니다.

과학은 과학 교과서에 굵은 글씨로 쓰여 있는 단어를 중심으로 정리합니다. 실험 관찰에 정리한 과학 원리와 실험 결과도 중요하니 절대 잊으면 안 됩니다. 실험 과정과 결과는 가능한 그림으로 간단히 정리하게 합니다. 실험만 쓰면 안 됩니다. 실험과 관련된 중요한 원리도 꼭 써야 합니다. 개념도 중요하니 교과서에 있는 굵은 글씨를 중심으로 정리합니다.

이렇게 초등학생 때부터 교과서에서 개념을 찾는 연습을 꾸준히 하면 중고등학생이 되어서도 교과서를 공부하는 건 문제 없습니다.

5장

초등학교 학년별 특징과
교과력 높여주는 학습 포인트

초등 저학년의 특징: 온몸으로 학습하는 시기

초등 저학년은 힘과 균형감이 생기고 소근육이 발달하는 시기입니다. 물론 이 시기 아이들은 아직 신체 발달이 미숙해서 잘 넘어지기도 하고 자기방어도 제대로 하지 못합니다. 신체를 고르게 발달시켜 주는 활동이 필요합니다. 또 넘치는 에너지를 분출할 수 있도록 많이 움직여야 합니다.

저학년은 개월 수에 따라 신체 성장 속도의 차이가 큰 편입니다. 개월 수에 따라 개별 신체 발달 차이가 있기 때문이죠. 개월 수에 따른 소근육 발달 차이가 크게 느껴집니다. 그래도 대근육을 활용하는 실외 활동은 가능합니다.

저학년 때는 소근육 발달을 위한 훈련을 충분히 해야 합니다. 소근육 훈련이 충분하지 못하면 소근육이 제대로 발달하지 못합니다. 그러면 중학년 때, 오리기, 붙이기, 복잡한 선 그리기 등 미세한 조작 활동을 잘하지 못할 가능성이 큽니다. 중학년까지도 소근육 발달에 따라 작품 완성 소요 시간이나 완성도의 차이가 큰 편입니다. 저학년 아이들에게는 손발 협응 능력이나 소근육 발달 등의 훈련이 필요합니다. 이런 능력이 글씨를 바르게 쓸 수 있는 손 힘을 키웁니다.

운동화 끈 매기, 단추 구멍 꿰기, 젓가락질, 가위질, 줄넘기는 소소해 보이지만 손발 협응 능력과 소근육 발달 능력을 향상할 수 있는 좋은 활동들입니다. 가능한 아이들의 활동을 자극할 수 있는 책을 읽혀주세요. 외부 활동을 다룬 이야기를 읽거나 책을 읽은 후 소근육을 발달시킬 수 있는 가위질, 젓가락질과 같은 다양한 독후 활동을 하는 것을 추천합니다.

저학년 시기는 아직 자기중심적 사고가 강합니다. 이런 자기중심성 때문에 여러 상황이 발생합니다. 무엇이든 남보다 먼저 하고 싶어 하고, 개인적인 이야기를 늘어놓거나 작은 일도 어른에게 이르는 경우가 많습니다. 친구와의 관계에서 자기에게 유리하게 판단하기도 합니다. 이런 여러 일로 싸움도 종종 일어납니다. 이 모든 것이 자기중심적 사고 때문에 일어나는 일입니다. 그래서 다른 친구의 입장을 이해하고, 그것을 배려하는 이야기를 담은 동화 책이 많습니다. 이런 책을 통해 다른 사람의 입장을 조금씩 이해 할 수 있습니다.

칭찬에 민감해 어른들의 주의를 끌어 칭찬받고자 하는 경향도 두드러집니다. 자아감이 형성되는 때이므로 무조건 칭찬하기보다 잘한 것을 구체적으로 언급하며 칭찬하는 것이 좋습니다. 자아 존 중감과 관련된 책을 통해 긍정적이고 올바른 자아가 성장하도록 해주는 것도 좋은 방법입니다.

상상력이 발달해서 간혹 사실과 상상을 제대로 구별하지 못하 고 혼동하기도 합니다. 상상이 지나쳐 어른의 눈에 거짓말하는 것 같이 보이기도 합니다. 상상과 환상을 바탕으로 자기 나름의 판타 지를 펼치기도 합니다. 이때 아이를 야단치거나 혼내기보다 상상 력을 이끌 수 있는 이야기로 이어 나가는 것이 좋습니다. 판타지 를 채워줄 그림책을 읽으면 상상력이 더 커지겠죠.

상상을 방해하는 개념을 다루거나 논리적인 이야기의 책은 초 등 중학년 때 이후로 미루기를 권합니다. 집중력이 짧은 편이라 길이가 긴 책보다 짧은 책이 좋습니다. 여러모로 그림책이 참 좋 지요. 마음에 드는 책이 있으면 지겨울 정도로 반복하며 읽기도 합니다. 이런 행동도 지극히 정상적인 모습이니 걱정하지 마세요.

주변에 호기심이 많아 질문도 많습니다. 이 호기심은 주변과 관련한 단순한 호기심입니다. 아이가 궁금해할 때, 사실 그대로 답하지 말고 다소 엉뚱하게 상상을 자극하는 대답을 해서 이 호기심을 상상으로 이어주세요. 아마 아이가 부모님과의 대화를 더욱 즐거워할 겁니다.

초등 저학년 시기를 설명하는 걸 읽는 것만으로도 저학년 아이들의 와글와글한 모습이 떠오르지 않나요? 끊임없는 호기심, 왕성한 신체 활동 등 초등 저학년 아이들은 가만히 앉아서 학습하기보다 끊임없이 주변을 탐색하고 돌아다니고 몸을 많이 사용하는 학습이 필요합니다. 초등 저학년 교과서를 살펴보아도 글보다는 그림이 많고, 다양한 활동을 제시합니다. 가만히 앉아서 책을 읽을 것이 아니라 그림을 보면서 상상하고 일어나서 움직이라는 뜻이죠.

학습 포인트: 책 좋아하는 아이로 키우기

독서를 할 때도 마찬가지입니다. 책을 집 여기저기 쌓아두고, 익숙하게 느끼고, 장난감처럼 갖고 놀게 해야 합니다. 이런 여러 활동은 책을 친숙하게 느끼게 하고 책을 좋아하는 아이로 자라게 할 겁니다. 책을 좋아하는 아이가 교과서 공부도 더 잘 해낼 수 있습니다.

책을 좋아하는 아이로 키우려면 부모의 끊임 없는 관심과 노력이 필요합니다. 가능하면 고등학생 때까지 독서에 관심과 노력을 이어가는 것이 좋습니다. 요즈음에는 디지털 미디어의 발달로 책을 읽히는 게 힘들어졌습니다. 성장기 아이들은 디지털 미디어보다 글을 읽으며 문장을 이해하고, 그 속에 담긴 의도를 파악해야 합니다. 발달 단계에 맞는 책을 읽어야 합니다.

뇌는 효율적으로 일하려 합니다. 자주 사용하지 않는 뇌의 신경망은 가지치기해서 없애고 자주 사용하는 뇌의 신경망은 튼튼하게 발달시킵니다. 초등학생 때 다양한 경험을 하게 하는 것도 이 때문입니다. 독서를 꾸준히 해서 독서 관련 신경망을 튼튼하게 해주어야 합니다. 뇌는 잘하는 것을 좋아하게 되어 있습니다.

책을 좋아하게 만드는 방법의 첫발은 읽어주기입니다. 돌 전후의 아기부터 고등학생까지도 책을 읽어주면 귀를 기울입니다. 처음에는 책을 전부 읽어줍니다. 아이가 이야기를 잘 들으면 방법을 바꾸어 봅니다. 아이와 한 페이지씩 번갈아 가며 읽기, 읽다가 제일 궁금한 부분만 남기고 끊어 버리기 등 아이를 책 읽기에 조금씩 참여하게 하거나 궁금함을 자극합니다.

제가 주로 사용했던 방법은 책을 읽다가 제일 재미있는 부분에서 끊어 버리는 것이었습니다. 처음에는 한두 페이지 정도를 남기다가 점점 더 많이 남겼습니다. 온종일 목을 쓰고 와서 힘들기도 했고, 아이가 스스로 읽기도 바랐기 때문입니다. 아이는 한참 재미있게 듣다가 이야기가 갑자기 끊기니 궁금해서 남은 부분은 스스로 읽더군요. 물론, 아이 스스로 책을 읽게 유도하려면 혹할 만큼 재미있거나 아이의 관심사를 담은 책이어야겠지요. 책을 먼저 읽어보고 아이가 재미있게 읽을 만한 책으로 골라주세요.

아이의 이야기를 들어주는 것도 좋습니다. 아이들은 자기 이야기를 하는 걸 좋아합니다. 이야기를 들어주는 사람이 있다면 더 신나서 이야기하겠죠. 책을 읽고 나서 책의 내용이나 책과 관련한 생각을 이야기하면 잘 들어주세요. 책에 관해 이야기를 나누면 더 좋습니다.

독자마다 책의 내용을 다르게 받아들입니다. 그 감상을 다른 사람과 나누면, 내 감상과 다른 사람의 감상이 다를 수 있다는 걸 알게 됩니다. 감상의 폭이 넓어진다고 해야 할까요? 내 감상과 다른 사람의 감상이 다르다는 걸 알면 책이 더 신기하고 흥미롭게 느껴집니다. '나는 이런 생각이 드는데 엄마는 어떻게 생각할까?' 아이의 생각이 여기에 미칩니다. 이때 부모의 의견을 강요하거나 정답만 요구하면 책에 대한 흥미가 줄어들 수 있으니, 즐겁게 이야기를 나누는 것에 초점을 두세요.

전집은 추천하지 않습니다. 전집은 엄마에게 매력적입니다. 책을 고르는 시간을 줄여주고 책장에 꽂아 두면 통일된 느낌으로 깔끔합니다. 그러나 아이에겐 그렇지 않습니다. 책을 좋아하지 않는 아이라면 몇십 권이나 되는 책이 책장에 꽂히면 겁이 나고 책에 흥미가 떨어질 수 있습니다.

전집을 구입한다면, 단행본으로 시작해서 잘 읽으면 2~3권짜리 시리즈로 책의 권수를 늘려주세요. 그러다가 책에 흥미를 느낄 때쯤 전집을 구입하는 것이 좋습니다. 요즘에는 지역 도서관에도 전집이 잘 구비되어 있어 미리 읽어보고 아이가 흥미를 가진 뒤, 전집을 구입하는 것도 좋은 방법입니다.

책 좋아하는 아이로 키우려면 반드시 이것만은 기억해주세요.

첫째, 재미입니다. 책이, 책의 내용이 재미있어야 책을 좋아합니다. 아이의 재미를 떨어뜨리는 책은 넣어두세요. 아이가 재미있게 읽는 책이 있다면 내용이 다소 마음에 안 들어도 살짝 눈감아주세요.

둘째, 꾸준한 관심입니다. 고학년이 되면 아이가 저절로 책을 술술 잘 읽을 거라 생각하지 마세요. 아이들에게는 책보다 더 재미있는 게 훨씬 많습니다. 부모가 꾸준히 관심을 갖고 독려하지 않으면 아이의 독서에 관한 관심은 사라져버릴지도 모릅니다.

이 두 가지만 염두에 둔다면 분명 책을 좋아하는 아이로 자랄 거라 확신합니다.

초등 중학년의 특징:
사회성 확립과 모둠 활동의 시작

초등 중학년은 사회성이 발달하고 호기심과 지적 관심이 높아지는 시기입니다. 저학년 때의 단순한 호기심과 다른, 지적인 호기심이 생깁니다. 배우고자 하는 의지가 강하게 드러나는 때이기도 합니다. 아이들의 호기심을 충족시켜 줄 수 있는 질 좋은 경험을 제공해야 합니다.

중학년 아이들은 새로운 일에 호기심이 많고 의욕적입니다. 새로운 것을 익히는 것을 신기해하고 재미있어합니다. 관찰력도 높아져서 대상을 세밀하게 관찰할 수 있습니다.

지금까지 상상력을 자극하는 그림책을 봤다면 이제 세상의 다양한 이야기를 담은 이야기책으로 넘어가는 것을 추천합니다. 새로움에 눈을 반짝이며 이야기책에 담긴 세상을 자세히 관찰하듯 읽을 겁니다.

이때 지식 책보다는 이야기책 중심으로 책을 주어야 합니다. 호기심을 채워주겠다고 아이가 관심 없는 영역까지 들이밀면 거부감을 느낄 수 있기 때문이죠. 스스로 궁금해서 찾는 게 아니라 부모가 강요하는 지식 책은 오히려 아이의 지적 호기심을 꺾을 수 있습니다.

3학년부터 과목 수가 늘기도 하지만 명확하게 좋아하거나 싫어하는 과목이 생깁니다. 호불호에 따라 학습 차가 드러납니다. 좋아하는 과목은 좋아해서 집중하고, 싫어하는 과목은 싫어해서 집중하지 않습니다.

특히 많은 아이가 싫어하는 과목이 수학입니다. 그러나 수학은 위계성이 굉장히 강한 과목이기 때문에 3학년 때 수학을 놓쳐버리면 다음 학년의 수학도 학습하기 힘듭니다. 다른 과목보다 특히 수학을 잘 챙겨봐야 합니다.

비판적 사고가 형성되어, 이상과 현실의 괴리가 생기는 시기이기도 합니다. 아이들은 자신에게는 너그럽지만, 타인에게는 높은 도덕적 잣대를 들이댑니다. 어른들의 말과 행동을 비판적으로 보고, 반항을 시작하는 시기도 이때입니다.

그래서 어떤 일을 할 때, 그 일에 관해 아이와 함께 면밀하게 살피고 아이와 상의해서 결정하는 것이 좋습니다. 그렇게 하지 않으면 순순히 따르지 않습니다.

초등 중학년 아이들의 이야기를 다루는 책도 부모님에게 불만이 생기기 시작하거나 부모님과 소소한 갈등을 다룬 것들이 많습니다. 이런 책을 읽으며 자신의 불만의 실체를 파악하고, 이야기의 결말을 보면서 어떻게 행동해야 할지 생각하게 되는 거죠.

또 아직 완전하진 않지만, 타인의 입장을 이해하기 시작합니다. 또래 개념이 생겨 무리를 만들어 놀기도 합니다. 중학년이 되면 조금씩 사회성이 생겨나는 거예요.

교과서에는 이런 초등 중학년 아이들의 특성을 반영하듯 모둠 활동이 나오기 시작합니다. 친구들과 새로운 내용에 대해 함께 모여 의견을 나누면서 자신이 몰랐던 것을 친구에게 배우기도 합니다. 또래에게 익히는 것이라 어른이 이야기하는 것보다 거부감도 적고요. 다른 사람과 협력하여 교과서에 제시된 과제를 해결하는 방법도 배웁니다.

학습 포인트: 바른 글씨 쓰기 습관 익히기

물론 아이들은 긍정적으로만 발달하는 건 아닙니다. 이제 이 시기 아이들을 교육할 때 주의해야 할 점을 말씀드릴게요.

이 시기의 많은 아이가 글자를 빠르게 흘려 씁니다. 분명 저학년 때까지 글씨를 반듯하게 쓰던 아이인데 중학년이 되면서 갑자기 글씨가 흐트러집니다. 조금만 신경을 덜 써도 저학년부터 다져온 글씨나 자세가 망가지는 경우가 많습니다. 부모님이 자세나 연필 잡는 법 등을 지속적으로 지도하고 확인해야 합니다. 이때 교정하지 않으면 중고등학교 때까지 글씨를 바르게 쓰지 못할 수도 있거든요.

글을 쓰는 목적은 쓴 글을 다른 사람에게 읽히고 나의 의사를 전하기 위함입니다. 다른 사람이 알아볼 수 있게 바르고 반듯하게 써야 다른 사람이 이해할 수 있습니다.

현대 사회에서 디지털 미디어가 발달하면서 손으로 직접 글씨를 쓰는 일이 줄어들고 있습니다. 그러나 학교 수업은 그렇지 않습니다. 구닥다리라고 할지 모르겠지만 학교는 아직도 종이책인 교과서를 바탕으로 수업합니다. 종이로 된 교과서에 손으로 직접 글씨를 쓰고, 수업 시간의 활동도 종이로 이루어지는 경우가 많습니다.

교실에서 학생들이 직접 디지털 기기를 사용하는 경우는 일부입니다. 선생님이 교사용 컴퓨터와 전자 칠판을 연결해서 아이들과 수업하고, 아이들은 그 과정과 결과를 직접 손으로 쓰는 경우가 더 많습니다. 이 일련의 과정들이 수행평가로 채점되는데, 수행평가에는 대부분 글을 쓰는 행위가 포함됩니다.

평가의 공정성을 위해서도 글을 쓸 때도 컴퓨터를 활용해서 쓰기보다 직접 손으로 쓰는 경우가 더 많습니다. 컴퓨터로 쓰라고 하면, 다른 사이트의 글을 긁어오거나 자신이 아닌 다른 사람이 써도 알 수 없는 경우가 많으니까요. 수업 시간에 직접 손으로 쓰면 그럴 염려가 줄어 실제 본인의 활동을 평가할 수 있거든요.

선생님들은 아이들이 손으로 쓴 수행평가 내용을 읽습니다. 글씨가 바르지 않으면 글의 내용을 읽을 수 없겠지요. 수행평가 채점 기준에 '바른 글씨로 쓰기'라고 명시되어 있지 않더라도 당연히 가독성도 수행평가 채점 기준에 포함됩니다. 알아볼 수 없는 글씨를 채점할 수는 없으니까요.

지필평가도 마찬가지입니다. 지필평가 서술형 답안을 확인하고 있었습니다. 자신의 서술형 답안을 확인하던 진건이가 자기는 정답을 맞게 썼는데 선생님이 틀리게 채점했다고 우겼습니다. 채점하고 재검한 뒤 다른 국어 선생님과 교차 확인까지 3번이나 했는데, 이상했습니다. 진건이가 맞았다고 한 답을 채점기준표와 비교하면서 다시 확인했습니다.

아무리 다시 봐도 답이 틀렸습니다. 진건이에게 네가 쓴 답이 틀렸다고 이야기했습니다. 진건이는 화를 내면서 자기 답이 맞는다고 계속 우겼습니다. 진건이와 함께 왜 그 답에 의견이 갈렸는지 살폈습니다.

알고 보니 진건이는 'ㅈ'을 특이하게 쓰는 습관이 있었습니다. 그 답에서도 특이하게 쓴 거죠. 답을 쓸 때 평소보다 'ㅈ'의 윗부분을 좀 더 기울였고, 저는 그것을 'ㅆ'으로 보고 틀렸다고 했습니다. 진건이는 자신의 글씨체를 알고 있으니 맞았다고 한 거죠. 결국 서술형 답지와 교과서의 필기까지 확인을 다 하고 나서야 진건이의 답을 정답으로 인정해주었습니다.

그 모습을 본 같은 반 다른 아이들이 진건이가 과학 시간에도 답이 '1'이었는데 '2'처럼 써서 과학 선생님과 서술형 답안을 확인하다가 한 시간 내내 실랑이했다고 이야기하더군요. 결국 진건이 뒷번호 아이들은 자신의 답안을 확인도 못한 채 수업 시간이 끝나서, 다음 시간에 그 아이들의 답안을 확인하기로 했다고요. 진건이는 초등학생 때부터 글씨를 이렇게 썼다고 하면서 이미 습관화되어 잘 고쳐지지 않는다고 이야기했습니다.

"답을 나 혼자만 확인한 게 아니라 다른 국어 선생님도 다시 확인하였고, 채점할 때 글씨가 이상해서 옆자리 다른 과목 선생님께도 이 문장을 읽어봐 달라고 부탁드렸더니 'ㅆ'으로 읽으셨다, 그건 너를 제외한 누가 봐도 잘못 쓴 거다, 고등학교에 가면 내신 성적 때문에 굉장히 예민하다, 서술형 채점을 할 때 가독성도 함께 본다, 그런데 너의 이 글씨체를 고치지 않으면 고등학교에 가서는 틀렸다고 할 수밖에 없다, 누구나 알아볼 수 있게 반듯하게 글씨를 쓰는 연습을 지금부터라도 하면 좋겠다"라고 이야기했습니다.

진건이뿐 아닙니다. 아이들이 글씨를 쓰면 알아보기 힘든 경우가 많습니다. 초등학교 때 바른 글씨를 쓰는 습관을 익혀야 합니다. 중고등학생이 되면 글씨체가 고착되어 초등학생 때보다 고치기가 더 힘들어집니다. 아이가 공부한 교과서를 볼 때, 글씨를 바르게 썼는지 확인해주세요. 반듯한 글씨는 교과서를 보고 공부를 정리할 때도, 평가를 할 때도 중요합니다.

초등 고학년의 특징:
논리력은 키우고 학업 부담은 낮춘다

초등 고학년이 되면 2차 성징이 시작됩니다. 성교육 책이나 성교육 강의 등 본격적으로 가정에서도 성교육을 시작하는 시기이기도 합니다. 사춘기인지 작은 일로도 자주 화를 냅니다. 이성에 관한 관심도 부쩍 높아지고 관심 표현도 이전보다 적극적입니다. 또래 문화도 강해집니다. 대부분의 아이가 또래의 범위 안에 있고 싶어 합니다. 또래에서 튀는 것을 가장 싫어하고 두려워하기도 합니다.

이러한 특징은 수업 시간에도 드러납니다. 발표하다 틀리면 친구들이 비웃거나 다른 아이들의 눈에 띌까 봐 아무도 수업 시간에 발표를 하거나 질문을 하지 않습니다. 수업 시간의 태도도 소극적입니다. 마치 다 이해한 것처럼 수업 시간 내내 조용히 앉아 있습니다. 하지만 수업 내용을 질문하거나 활동을 시켜보면 제대로 이해하고 있는 아이는 드뭅니다. 초등 저학년 때 적극적이었던 모습은 완전히 사라지고 없습니다.

말대꾸도 늘어나는데, 자신만의 논리가 생긴 겁니다. 자신과 관련된 일에 대한 설명을 듣고 그것을 수긍할 수 있어야 받아들이겠다는 태도를 보입니다. 근거를 갖추고 논리적으로 설명하면 수긍하지만, 조금이라도 이해되지 않으면 절대 수긍하지 않습니다. 물론 이 논리는 객관적이기보다 자신에게 더 유리한 논리입니다.

어른들이 생각하는 것보다 초등 고학년 아이들이 느끼는 학업 부담은 큽니다. 특히 수학에 대한 부담이 가장 큽니다. 5학년부터 배우는 수학은 지금까지 배우던 것과 차원이 다르다는 이야기도 많이 들었고, 곧 중학생이 된다는 생각에 막연한 부담도 있습니다. 그동안 크게 학업에 관심을 쏟지 않았던 아이들도 수학을 선행하거나 학원에 다니는 등 사교육을 시작합니다. 주변에서도 늦어도 5학년 때는 학원에 보내라고 조언합니다. 학업이 중심이 되는 시기가 온 것입니다.

사교육을 많이 받는 아이들은 학원 우수반에 들어가야 한다는 부담으로 학원 시험 결과에 일희일비하는 경향이 강하고, 공부가 재미없거나 공부를 못한다고 생각하는 아이들은 수업 시간에 무기력한 경우도 꽤 많습니다.

수업을 듣는 태도도 마찬가지입니다. 성적이 우수하다고 생각하면 수업을 열심히 듣지만, 중하위권이라는 생각이 들면 이미 망했다며 수업을 잘 듣지 않기도 합니다.

이 시기의 아이들은 새로운 학습 방법을 시도하는 것을 좋아하지 않습니다. 기존의 학습 방식을 선호하며 모둠 활동이나 발표하는 식의 활동 중심 수업도 좋아하지 않습니다.

특히 글쓰기를 매우 싫어합니다. 컴퓨터나 휴대전화와 같은 전자 기기를 사용해서 글을 쓰는 것은 그나마 낫지만, 손으로 직접 글을 쓰는 것은 싫어하고, 힘들어합니다. 쓰더라도 짧게 쓰려 하고 글쓰기 활동을 하지 않으려 합니다.

그러나 고학년 교과서에는 글쓰기가 가득합니다. 이제는 논리력이나 사고력이 어느 정도 뒷받침되기 때문에 꽤 긴 글을 쓸 수 있는 능력을 갖추었다고 보는 것이죠. 국어 교과서를 살펴보면 주장하는 글쓰기 등 목적이 분명한 글쓰기가 주류를 이룹니다. 교과서에 아이들이 글을 쓴 걸 읽어보면 자기 생각이나 논리를 풀어가는 과정이 제법 자연스럽습니다. 교과력을 키우려면 교과서를 잘 읽는 것도 중요하지만 쓰는 것은 더욱 중요합니다. 글로 쓸 수 있다는 것은 교과서의 내용을 제대로 이해했다는 의미이니까요.

교과서의 글을 잘 쓰기 위해서는 평소에도 글을 써야 합니다. 가장 좋은 것은 일기나 독후감을 꾸준히 쓰는 겁니다. 처음에는 길이도 짧고, 아무말 대잔치처럼 쓰더라도 꾸준히 쓰다 보면 점차 논리를 갖춘 글로 발전합니다. 절대 아이가 쓴 글을 지적하면 안 됩니다. 그러면 글을 쓰려고 하지 않습니다. 무조건 칭찬과 격려를 해주세요.

학습 포인트: 생활 습관 먼저 잡기

초등학생은 중고등학생에 비해 학습량이 적습니다. 학습보다 중요한 것이 있기 때문입니다. 바로 '생활 습관' 잡기입니다. 학습을 잘하기 위해 반드시 초등학생 때 생활 습관을 먼저 잡아야 합니다.

그러면 초등학생 때 어떤 생활 습관을 잡아 놓아야 할까요?

우선, 엉덩이 힘을 키워야 합니다. 독서할 때는 한 곳에 앉아서 책을 읽습니다. 분량이 많아질수록 앉아 있는 시간은 더 길어집니다. 한곳에 오래 앉아 있을 수 있으니 엉덩이 힘을 키우는 데 도움이 되겠지요.

제가 학생 때, 담임 선생님께서 저희의 모습이 마치 누에 벌레 같다고 이야기를 하신 적이 있습니다. 누에 벌레는 쉼 없이 뽕

나무 잎을 갉아 먹으면서 돌아다니는데, 우리가 수업 시간 집중하지 못하고 부산한 모습이 누에 벌레가 꼼지락거리는 모습과 닮았나 봅니다. 그때는 누에 벌레를 본 적도 없었기 때문에 그게 무슨 말인지 이해하지 못했지만 제가 교단에 서고 나니 그때 선생님의 말씀이 종종 생각납니다. 아이들이 가만히 앉아 있는 모습을 보기 참 어렵습니다.

한자리에 앉아 있는 습관은 수업 내용에 집중하는 데 중요합니다. 공개 수업에서처럼 초등 교실을 관찰할 일이 있다면 아이들의 모습을 살펴보세요. 한 시간 동안 내내 자리에 반듯하게 앉아 선생님의 말씀에 집중하는 아이는 많지 않습니다. 엉덩이 힘을 키우는 연습이 필요합니다.

둘째, 글을 읽고 이해하는 습관이 필요합니다. 학교 수업은 교과서를 바탕으로 이루어집니다. 교과서는 줄글로 이루어져 있습니다. 교과서를 아무리 재미있게 구성하고 교과서 내용에 흥밋거리를 추가한다 해도 교과서가 재미있을 수는 없습니다. 원래 공부는 재미있는 게 아니니까요. 교과서는 반드시 익혀야 할 핵심 내용을 전달하고자 하는 목적이 있고, 설명할 때도 재미보다는 정확한 용어를 사용합니다. 당연히 아이들에게 어렵지요.

수업 시간도 마찬가지입니다. 수업에는 학습 목표가 명확하게 있습니다. 그 학습 목표를 달성할 수 있게 수업을 구성합니다. 물론 아이들이 재미있게 수업을 들을 수 있도록 하겠지만, 마냥 재미만을 추구할 수는 없습니다. 그래서 교과서는 아무리 알록달록하게 만들고 도표나 삽화가 많아도 재미가 없고, 수업은 아무리 여러 활동을 해도 재미가 없습니다.

교과서는 개조식으로 간단히 정리되어 있지 않습니다. 공부하려면 설명된 줄글을 읽고 이해해야 합니다. 수업 시간 다양한 활동으로 이해를 도울 수는 있으나 그것을 내 것으로 만드는 건 아무도 대신해줄 수 없습니다. 기본적인 문해력이 없으면 읽고 이해하기 힘듭니다. 초등학교 때부터 반드시 글을 읽고 이해하는 습관이 필요합니다.

셋째, 기본 규칙을 익혀야 합니다. 초등학교에 입학하면 특별실이나 급식소에 갈 때 줄서기, 수업 시간과 쉬는 시간 구별하기, 수업 시간에 딴짓하지 않기, 수업 시간에 발표할 때는 손들기 등의 기본 규칙을 배웁니다.

초등학교 때 기본 규칙을 익힌 덕에 중학생들에게 이런 규칙을 따로 가르친 적이 없습니다. 기본 규칙이 습관화된 아이들은 수업 시간이나 학교생활 중에도 규칙을 지키며 활동합니다. 다 함께 기본 규칙을 지킨 덕에 학교가 원활히 운영됩니다.

우리가 살아가는 곳은 혼자 사는 곳이 아니라 서로 협동하는 사회입니다. 그러기 위해 지켜야 할 최소한의 규칙이 있습니다. 규칙의 기초를 익히는 곳은 학교입니다. 초등학교에서 규칙을 익힌 아이는 성인이 되어서도 타인을 배려하고 사회생활을 위한 '눈치'

도 키울 것입니다.

이런 생활 습관을 잘 잡아 놓으면 교과서 읽기뿐 아니라 수업 내용을 이해하는 것도 그다지 어렵지 않을 겁니다. 중고등학교에서도 이런 생활 습관이 잘 잡혀 있는 아이들이 수업 시간 집중도 더 잘하고, 교과력도 뛰어납니다.

초등 고학년은 중학교와 이어집니다. 늦어도 초등 고학년 때, 생활 습관과 학습 태도를 잘 잡아주세요. 그래야 중학생 때 학습 습관을 잡는 시간을 단축할 수 있습니다.

6장

초등학교 교육의 핵심과
부모 가이드

긍정적인 태도
키우기

피그말리온 효과를 아시나요? 교육심리학에서 교사가 학습자에게 갖는 기대에 따라 학습자의 성적이 향상되는 것을 피그말리온 효과라고 합니다. 반대로 교사가 학습자에게 부정적인 기대를 갖고 있으면, 학습자의 성적이 떨어지는 것을 골렘 효과, 또는 낙인 효과라고 합니다. 두 효과 모두 대상에게 어떤 태도로 대하느냐에 따라 대상의 행동이 변할 수 있음을 의미합니다.

저는 매년 많은 학생을 만나는데요. 학교생활에 긍정적인 아이도 있고, 부정적인 아이도 있습니다. 어떤 아이가 학교생활을 적극적으로 즐겁게 할지 이미 답이 정해져 있는 것 같죠?

학교는 유치원과 다릅니다. 규칙도 엄격하고 학급당 학생 수도 훨씬 많습니다. 전체적인 분위기도 다르지요. 그래서 처음 초등학교에 입학하는 아이들은 학교생활을 즐거워하지 않을 수 있습니다.

수백 명이 함께 생활하는 학교는 질서 유지를 위해 하고 싶어도 하면 안 되는 일이 있고, 하기 싫어도 참고 해야 하는 일이 있습니다. 이런 상황을 겪으면 아마 하교 후에 학교에서 있었던 일을 이야기하면서 툴툴거릴 겁니다. 부모님의 반응이 아주 중요합니다. 부모님의 반응에 따라 아이의 반응도 달라지거든요. 긍정적으로 반응해주어야 아이도 긍정적으로 반응합니다.

학교생활에서 긍정적인 아이가 교우관계도 좋고, 학교 공부도 더 즐겁게 합니다.

긍정적인 태도를 위해 다음 네 가지를 기억해주세요.

첫째, 적절한 격려와 기대를 가지세요. 아이의 발전 가능성을 믿고 긍정적인 기대를 하며 대해야 합니다. 그렇다고 아이가 가진 그릇보다 너무 과하게 기대하면 곤란합니다.

아이의 그릇을 파악하기 위해 학교 상담 기간을 적절히 활용해 보세요. 학교 선생님들은 그 또래 아이들에 관한 방대한 양의 객관적인 데이터를 갖고 있습니다. 공교육은 선택의 폭이 좁습니다. 무슨 말이냐면, 학교나 담임 선생님을 내가 원하는 대로 고르거나 선택할 수 없다는 뜻입니다. 내 마음대로 선생님을 선택할 수 없는 것이 단점이라 생각할 수도 있지만, 생각을 바꿔보면 오히려 장점일 수도 있습니다. 선생님이 아이를 지도할 때 좀 더 객관적으로 대할 수 있다는 말이지요. 그 때문에 학교가 사교육 기관보다 덜 상냥하게 대한다고 느낄 수 있으나, 그 덕에 아이에 대해 객관적인 피드백도 가능합니다.

그런데 간혹 학부모님께 아이의 부정적인 면을 이야기하면 화를 내는 경우가 있습니다. 당연히 그 마음이 이해됩니다. 저 역시 제 아이에 관해 좋지 않은 말을 들으면 기분이 나쁠 테니까요. 그런데 한 번만 더 생각해봐주세요. 선생님도 아이를 키우는 부모이기에, 부모님의 마음을 압니다. 그래서 가능한 아이의 좋은 점을 이야기합니다. 부정적인 면을 말하려고 하면 무척 고민이 됩니다. 고민하다가 가정에서 이 부분만 신경을 쓰면 아이가 더 좋은 방향으로 성장할 거라는 판단을 내리면 조심스럽게 이야기합니다. 선생님들도 자기 학생들이 잘되기를 바라거든요. 그러니 혹시 부정적인 말을 들으면 그 이유를 살펴봐주세요. 선생님이 칭찬한다면 충분히 잘하고 있으니, 지금처럼 계속 격려해주시면 됩니다.

둘째, 꾸준한 확인과 지지가 필요합니다. 아이가 그 일들을 제대로 하는지 꾸준히 확인하고 힘든 일이 없는지 아이의 상황을 세심하게 살피고 변함없는 지지를 보여야 합니다.

이소은 씨는 유명한 가수였습니다. 그런데 인기 절정이던 때, 홀연히 가요계를 떠났습니다. 그랬던 이소은 씨는 미국에서 국제

변호사가 되었다고 합니다. 전혀 다른 두 영역에서 성공의 길을 걸어온 이소은 씨 이야기는 감탄스럽습니다. 이소은 씨 언니인 피아니스트 이소연 씨도 줄리어드 음대에서 8년간 전액 장학금으로 수학하고 동양인 최초로 신시내티 음대에서 피아노과 교수가 되었다고 합니다. 두 자매 모두 성공한 삶을 살고 있지요.

성공한 자매 뒤에는 꾸준히 믿고 지지해준 부모님이 계셨다고 합니다. 이소은 씨의 부모님은 자매를 키우며 한 번도 딸들에게 부정적인 말이나 비난하는 말을 하지 않았다고요. 특히, 실패했을 때 위로나 질책보다 "잊어버려" 하고 끝이었다고 하는 일화는 참 인상적이었습니다. 부담을 느끼지 않게 하려 그랬겠지요. 학생들을 봐도 부모님이 긍정적으로 지지하고 있는 아이들이 학교생활을 더 즐겁게 합니다. 부모님의 불신이나 불안이 아이에게도 투영되는 경우가 많더라고요.

셋째, 즉각적인 보상과 훈육이 필요합니다. 긍정적인 태도를 키운다고 무조건 긍정적인 피드백만 제공하면 안 됩니다. 잘못했을 때는 적절한 훈육이 필요합니다.

훈육을 한다는 것은 야단을 치거나 체벌을 한다는 뜻은 아닙니다. 잘못된 행동에 관해 이야기하고 다음에는 그 행동을 하지 않도록 하는 것입니다. 말을 훈련할 때도 적절한 당근과 채찍을 사용합니다. 잘했을 때는 아이가 만족할만한 보상을 제공하고, 잘못했을 때는 훈육을 해야 합니다.

이런 보상이나 훈육은 즉각적이어야 효과가 큽니다. 시간이 한참 지난 뒤에는 자신의 어떤 행동으로 보상이나 훈육을 받는지 알지 못하기 때문입니다. 즉각적인 피드백으로 긍정적인 행동을 강화하고, 부정적인 행동을 차단합니다.

넷째, 다양한 기회를 제공해야 합니다. 처음 하는 일은 잘하지 못하기 때문에 좋아하면서 할 확률이 낮습니다. 한 번이라도 해본 일이라면 수월하게 할 수 있고요. 한 번이라도 경험해본 일을 할 때는 심리적 장벽이 낮습니다.

경험은 두려워하지 않고 도전하는 용기를 갖게 합니다. 비록 성공하지 못해도 도전하고 나면 성취감이 생깁니다. 성취감은 긍정적 태도를 가지게 하죠.

일관되게 이 네 가지 태도로 아이를 대해야 합니다. 그런데 이 네 가지보다 중요한 것이 있습니다. 그건 바로 학교에 대한 '부모님의 태도'입니다. 아이는 부모의 말과 행동을 그대로 닮습니다. 아이가 학교생활을 즐겁고 긍정적으로 하기를 바라면 학교를 긍정적으로 봐주세요. 표정이나 눈빛으로도 마음이 드러납니다. 아이와 학교 이야기, 선생님 이야기를 할 때, 긍정적으로 반응해주세요. 긍정적인 부모님 덕분에 아이도 긍정적으로 학교생활을 잘할 거라 스스로 믿습니다.

효율적 시간 관리를 위한
루틴 잡기

성적이 좋은 아이들은 시간을 효율적으로 관리합니다. 특히 쉬는 시간 아이들의 모습을 살펴보면 성적이 좋은 아이들은 수업이 끝나자마자 짧은 시간 동안 배운 내용을 정리하고 나서 친구들과 놀거나 남은 시간을 보냅니다.

그러나 대다수 아이는 그렇지 않습니다. 수업을 마치자마자 책을 덮고 책상 아래 서랍에 넣습니다. 수업이 마치기 전부터 주변 아이들과 쉬는 시간 떠들고 놀 준비를 하는 아이도 있습니다. 수업이 시작해서 교실에 들어가도 마찬가지입니다. 선생님이 들어올 때까지 교실이 어수선한 경우가 대부분입니다. 공부할 준비는 거의 하지 않습니다. 수업에 들어온 선생님을 보고 교과서를 가지러 가는 등 그때가 되어서야 수업 준비를 하지요.

시험공부를 할 때도 마찬가지입니다. 성적이 좋은 아이들은 시험공부를 할 때 자신만의 루틴으로 공부합니다. 그렇지 않은 아이들은 무슨 공부를 어떻게 해야 할지 모르겠다며 이것저것 꺼냈다가 넣었다 하며 산만하게 공부합니다.

시험 일주일 전쯤 되어 시험 범위까지 진도가 다 나가면 한 시간 정도 자습을 주는 경우가 있습니다.

그날도 자습을 준 시간이었습니다. 동석이는 한 시간 동안 공부는 하지 않고 이 책 저 책을 꺼냈다가 다시 집어넣느라 시간을 보내더라고요. 저는 동석이에게 꼭 국어 공부를 하지 않아도 되니 한 과목을 정해서 공부하라고 했습니다. 동석이는 공부를 하나도 안 해서 무슨 과목을 어떻게 공부해야 할지 모르겠다고 했습니다. 그러면 국어 시간이니까 국어책이라도 꺼내서 읽으라고 했더니, 국어책을 꺼내 잠깐 읽고는 다른 과목을 공부해야 할 것 같다며 책을 다시 집어넣더군요. 동석이는 그 뒤로도 부산하게 이 책 저 책을 꺼내며 움직였으나 한 시간 동안 그 어떤 과목도 제대로 공부하지 못했습니다. 결국 한 시간 동안 아무것도 하지 못한 거지요.

특별한 일이 아닙니다. 중고등학생이라 해도 시간 관리를 제대로 하지 못하는 아이들이 생각보다 많습니다. 한 학급에 최소 네

다섯 명은 됩니다. 안 그래도 고등학생이 되면 시간이 부족한데 시간을 제대로 관리하지 못하면 학습하기 힘듭니다. 중고등학교 때 효율적으로 시간을 사용하려면 초등학생 때 학습 루틴을 잡아야 합니다.

루틴을 잡으려면 먼저, 생활을 단순하게 만들어야 합니다. 생활이 복잡하면 할 것이 많아 루틴을 만들기 힘들거든요. 하나가 익숙해지면 다른 하나를 추가합니다. 처음부터 욕심내서 이것저것 다 하려고 하면 아무것도 하지 못합니다. 처음에는 단순해야 합니다. 기본 루틴이 익숙해지면 다른 루틴을 추가하는 것이 낫습니다.

아이의 공부에서 필수라고 생각하는 것이 무엇인지 생각하세요. 이것도 필수고, 저것도 필수고 하는 식이 아니라 빈 종이에 아이에게 반드시 필요한 것 열 개만 씁니다. 더 많으면 그중 우선순위를 정해 열 개만 추리세요. 쓸 때는 항목을 세세하게 하나하나 나눠야 합니다. 국어 공부하기, 수학 공부하기가 아니라 국어 교과서 연계 도서 읽기, 수학익힘책 풀기처럼 구체적으로 써야 합니다.

다음으로 열 개 중에서 가장 중요하다고 생각하는 것 다섯 개에 동그라미 하세요. 그리고 다섯 개 중에서 더 중요한 것 세 개에 동그라미를 하나 더 하세요. 이제 동그라미 두 개를 받은 세 가지가 추려졌습니다. 이 세 개로 아이의 루틴을 잡을 거예요. 그 세 개가 왜 중요한지 각각의 이유를 다 써보세요.

그 이유를 찬찬히 읽으면서 가장 마음에 와닿거나 이유의 개수가 많은 순으로 정리합니다. 이제 1순위, 2순위, 3순위가 정해졌습니다. 그 순서대로 루틴을 만들면 됩니다. 다른 스케줄을 정리하고 그 스케줄이 완전히 습관화될 때까지 꾸준히 하는 거죠. 세 개를 동시에 하는 게 아니라 1순위가 루틴화되면 다음으로 2순위, 3순위를 천천히 추가합니다.

루틴은 구체적으로 잡아야 합니다. '매일' '무엇'을 '어느 정도의 분량'으로 할지 분명하게 정해야 합니다. 국어 교과서 연계 도서 읽기라면 '국어 교과서 연계 도서(가능한 구체적 작품으로) 한 편 읽기', 수학 익힘책 풀기라면 '수학 익힘책 두 페이지 풀기' 이런 식으로요.

루틴화하기 위해 양은 최소한으로 잡습니다. 내가 정한 양보다 많이 하는 것은 괜찮지만 그것보다 적게 하면 분명히 아이와 부모 사이에 갈등이 생길 테니까요. 이렇게 잡은 루틴은 비가 오나 눈이 오나 어디에 놀러 가더라도 반드시 해야 합니다. 분량이 많으면 그것이 절대 힘들겠지요.

루틴의 가짓수도 최소한으로 합니다. 초등 저학년 때는 하루에 학원이나 활동이 한두 개 정도, 중학년 때는 두세 개 정도, 고학년 때는 세네 개 정도면 충분합니다. 중간중간 시간을 두고 여유롭게 그 루틴을 수행할 수 있도록 하고요. 점차 루틴이 익숙해지면 요일별, 시간대별로 루틴을 정교화해 나가면 됩니다.

루틴을 만드는 데 정답은 없습니다. 가정마다 중요하게 생각하는 가치가 다르고, 아이마다 성향이 다르기 때문이죠. 저희 집의 경우에도 첫째 아이와 둘째 아이의 성향이 달라 루틴을 다르게 만들었습니다. 내 아이의 성향을 세심하게 살펴야 합니다.

루틴을 만들어 그대로 유지하면 좋지만, 분명 지킬 수 없는 경우도 생길 겁니다. 그럴 때는 주말을 이용합니다. 평일에만 루틴을 실행하고 주말에는 여유 시간을 두고 지난 한 주의 생활을 점검하고 수행하지 못한 루틴이 있다면 보완해야 합니다.

새로운 루틴을 추가할 때마다 지금 수행하고 있는 루틴이 아이의 상황에 적절한가 체크합니다. 기존의 루틴과 새로운 루틴이 아이의 상황에 맞는다면 기존의 루틴을 그대로 두고 새 루틴을 추가하고, 그렇지 않다면 루틴을 수정해야겠지요.

초등 저학년의 경우, 부모님의 주도로 루틴을 만들고 아이는 그 루틴을 따라갑니다. 루틴이 익숙해지는 중학년 즈음 되면 여전히 부모님이 주도하지만, 아이의 의견을 물어야 합니다. 고학년이 되면 아이 스스로 루틴을 만들게 합니다. 루틴이 습관화되어 어려워하지는 않을 겁니다. 스스로 하기 어려우면 부모님과 의논해도 좋습니다.

아이가 루틴을 잘 수행하는지 반드시 체크해야 합니다. 처음에는 매일 체크하세요. 저학년은 루틴이 습관화되지 않았거든요. 매일 체크해서 루틴이 습관이 되게 해야 합니다. 중학년이 되면 이틀에 한 번씩 확인합니다. 서서히 아이에게 공부의 주도권을 넘기는 거죠. 고학년은 일주일에 두 번 정도 확인이 필요합니다. 아이는 시간 관리의 필요성을 잘 모르기 때문에 루틴을 지키려는 의지가 강하지 않습니다. 그래서 부모님이 체크해주면 좋습니다.

고학년은 스터디 플래너를 활용하는 것도 추천합니다. 스터디 플래너는 매일 자신이 공부를 어떻게 할 것인지, 얼마나 할 것인지 등을 기록하고 확인하여 공부한 시간을 표시하거나 자신의 의지를 다지는 수첩입니다.

많은 중고등학생이 공부하기 위해 스터디 플래너를 사용하고 있습니다. 초등학생은 중고등학생만큼 잘 활용하지는 못하지만 시간을 가시적으로 알 수 있어서 자극이 될 겁니다.

초등학교 때부터 루틴을 습관화하면 중고등학생이 되어서 시간을 효율적으로 활용할 수 있습니다.

초등 교육은
'엄마표'가 가능하다

저는 중고등학교에서 근무하며 많은 아이가 사교육에 끌려다니는 모습을 보았습니다. 이 아이들을 보며 초등 때까지라도 우리 아이는 엄마표로 공부시켜야겠다고 결심했습니다. 중고등학생은 머리가 굵어져서 엄마표로 공부시키기 쉽지 않지만, 초등학생은 그래도 아직 엄마표가 가능하기 때문입니다. 저는 첫째 아이부터 엄마표를 진행했습니다. 첫째 아이가 엄마표로 공부하는 것을 본 둘째 아이는 수월하게 따라왔습니다.

초등 때 이렇게 엄마표로 공부했더니 좋은 점이 많았습니다.

첫째, 여유 시간이 많았습니다. 학원에 다니지 않으니 학원 왕

복 시간, 학원 스케줄에 맞추다 보면 생기는 자투리 시간, 학원 숙제를 하는 시간 등이 없어서 학원에 다니는 아이들에 비해 여유 시간이 많았습니다.

그 덕에 독서 시간을 마련할 수 있었습니다. 초등 고학년은 독서 시간이 없다고 하는데, 그 이유 중에는 학원에 많이 다녀서 그런 것도 있습니다. 학원 수가 적으면 독서 시간을 확보할 수 있습니다. 저는 초등학교 때 독서와 교과서 공부가 가장 중요하다고 생각했기 때문에 제 방식대로 선택과 집중을 한 거죠. 아이가 중학생이 된 지금도 초등학생 때 엄마표로 교육했던 것을 후회하지 않습니다.

둘째, 아이의 학습을 촘촘하게 체크할 수 있습니다. 엄마표를 하려면 아이가 얼마나 공부했는지, 얼마나 이해했는지 꾸준히 확인해야 합니다. 아이의 이해 정도에 따라 책의 수준과 교육 방식을 고민해야 하니까요. 수준에 맞지 않는 공부를 한다면 아이가 그 내용을 너무 쉬워하거나 전혀 이해할 수 없을 테니 학습을 꼼꼼히 확인할 수밖에 없겠죠.

아이의 학습 정도, 하루에 가능한 학습량, 향후 로드맵까지 모든 것을 파악해야 아이만의 커리큘럼이 가능합니다. 어디가 부족한지, 어디를 보충해줘야 할지 파악해서 교과서 공부 커리큘럼을 운영해야 합니다. 아이도 자신의 학습 정도를 파악하고 있으니 학습적인 면에서 엄마를 신뢰합니다. 그 덕에 아이와 긍정적인 관계도 유지할 수 있습니다.

셋째, 자기 주도적 학습 능력을 키울 수 있습니다. 저는 엄마표로 운영할 때, 제가 교과 내용을 가르쳐주기보다 아이 스스로 교과서를 읽고 줄을 그으며 교과 내용을 이해하도록 했습니다. 이해되지 않는다고 하면 한 번 더 읽게 하고요.

아무리 읽어도 이해되지 않는다고 하는 것만 설명해주었습니다. 문제를 풀 때는 틀리면 왜 틀렸는지 바로 설명해주지 않고 앞의 설명 부분을 다시 읽고 이해한 뒤, 다시 풀게 했습니다. 2~3회 이상 반복해서 틀리면 설명해주었고요. 그렇게 진행해보니 6학년 때까지 제가 다시 설명해준 경우는 손에 꼽을 정도입니다.

아이도 누군가에게 물어보고 금세 답을 구할 수 있는 시스템이 아니다 보니 스스로 그 답을 찾을 때까지 반복해서 문제를 읽고 생각해야 했습니다. 엄마에게 물어봤자 안 가르쳐 주니까요. 혼자 생각하고 답을 찾는 과정에서 스스로 생각하는 힘이 조금씩 커졌습니다. 처음부터 그렇게 공부해서 이렇게 공부하는 것을 당연하게 여겨 불만도 없었습니다.

중학생이 되어서도 모르는 것이 나오면 바로 질문하거나 답지를 찾기보다는 어떻게든 답을 찾아내려 하는 아이를 보며, 초등학교 때 엄마표로 공부하길 잘했구나 싶을 때가 많습니다. 공부가 더 어려워졌지만 덕분에 힘들어하지 않고 중학교 공부에 빨리 적응했습니다.

제가 엄마표로 가르친다고 하니, 주변의 반응은 똑같았습니다. "엄마가 선생님이라서 아이들을 가르칠 수 있어서 좋겠다."

그러나 꼭 그렇지만은 않습니다. 저는 수학이나 영어, 사회, 과학 선생님이 아닙니다. 당연히 그 과목들에 대해 잘 모릅니다. 그래도 학교에 있으니 도움이 되지 않냐고요? 다른 과목 선생님과 업무에 대해 의논은 하지만, 아이의 학습에 관해 질문을 할 시간은 없습니다.

그런 제가 엄마표로 가르칠 수 있었던 건, 그나마 초등학생 때는 아이들이 어려서 엄마의 말을 잘 들었고, 멋진 도구가 있어서 그것을 활용할 수 있었기 때문입니다. 그 멋진 도구가 바로 교과서입니다.

먼저 한 가지 소소한 팁이 있다면, 요즘에는 교과서를 학교에 두고 다니기 때문에 집에도 교과서를 하나 더 비치해두면 좋습니다. 집에서 이 교과서를 펼쳐 들고 아이에게 먼저 읽고 내용을 이해하게 합니다. 이해가 되지 않으면 여러 번 반복해서 읽기를 권합니다. 저학년 때는 소리를 내서 낭독하고, 고학년이 되면 묵독합니다. 처음에는 무슨 뜻인지 잘 몰라도, 반복해서 읽다 보면 그 뜻이 이해됩니다.

세 번 정도 읽고 나서 어느 정도 이해했다 싶으면 교과서를 같이 보며 개념을 찾습니다. 학습 목표를 보고 학습 목표에 관한 답을 찾으며 교과서를 읽고 개념을 찾고, 정리합니다. 그리고 교과서 내의 학습 활동을 합니다. 학습 목표가 문제화된 것이 바로 학습 활동입니다. 교과서를 완벽하게 이해한 후에야, 아이가 원한다면 추가로 문제집을 풀어보게 했습니다. 한 번에 너무 많은 양을 풀거나 어려운 내용을 공부할 필요는 없습니다. 교과서 내용을 확인하는 정도면 됩니다. 매일, 조금씩, 꾸준히 할 수 있으면 충분합니다.

초등학생 때는 엄마표가 가능합니다. 엄마표로 자기 주도적 학습의 기틀을 다지고, 아이의 학습력을 높여주세요.

중등 교과서 공부의 기술: 문해력을 교과력으로 옮기기

교과서를 반복해서 읽으며 몰입을 배우고 깊이 사고하는 단계로 나아가야 합니다. 이런 행위는 문제만 나열되어 있는 문제집을 풀거나 디지털 속 정보를 읽는 것에서는 얻을 수 없습니다. 시키는 활동만 할 뿐 스스로 책의 내용을 고민하고 구조화하지 못한다면, 초등학교 때 공부 잘하던 아이의 성적은 중고등학생이 되면 뚝뚝 떨어질 수밖에 없습니다.

7장

중학교에서
상위권 성적을 유지하는 비결

공부 잘한다는 아이들이
왜 중학교에서 성적이 뚝뚝 떨어질까?

중학교 첫 지필평가를 보고 나면, 많은 아이가 성적을 확인하고는 충격을 받습니다. 1차 지필평가 성적표를 받고 "엄마한테 죽었다"라고 하며 어떻게 해야 할지 전전긍긍하는 아이, 집에 성적표를 보냈다고 연락할 거냐고 묻는 아이, 성적표를 버리고 싶다는 아이들이 많습니다. 큰소리로 엉엉 우는 아이도 있었습니다. 부모님도 아이의 성적에 충격을 받고 상담 도중 눈물을 보인 적도 있고요. 아이들은 다음 시험을 잘 보겠다 큰소리치지만 2차 지필평가 성적도 1차 때와 큰 차이 없습니다. 오히려 성적이 떨어지는 경우가 더 많습니다.

대다수는 초등학교 때는 공부 잘한다는 소리 꽤나 들었던 아이들입니다. 그런데 왜 그 공부 잘한다는 아이들이 중학교에서 성적이 뚝뚝 떨어진 걸까요? 그 이유는 교과력이 없기 때문입니다.

정환이는 초등학교 3학년입니다. 정환이 어머니는 정환이가 받아쓰기할 때마다 몇 번씩 연습시킵니다. 받아쓰기 연습을 안 하면 30점, 한 번 연습하면 50점, 두 번 연습하면 60점을 받아옵니다. 정환이 엄마는 아이의 성적을 보면 도저히 받아쓰기 연습을 안 할 수가 없다고 합니다.

대다수 초등학생은 부모가 곁에서 얼마나 관심을 갖는지에 따라 성적이 달라지는 것이 보입니다. 손 놓고 있을 수 없지요. 그래서 '초등 성적은 엄마 성적'이라는 말이 있습니다. 그만큼 초등학생 때는 엄마가 조금만 봐주면 성적이 달라집니다. 초등학교 교과서를 살펴봐도 내용이 적고, 어른이 가르칠 수 있을 것 같습니다.

하지만 중학생이 되면 공부할 양도 많고, 교과서 내용도 어려워집니다. 그뿐인가요. 말도 잘 듣지 않습니다. 중학생부터는 부모님이 아이의 공부를 봐주는 것에 한계를 느끼기 시작합니다.

많은 아이가 스스로 공부하는 습관이 형성되어 있지 않습니다. 아이가 중학생이 되면 부모님은 아이가 어느 정도 컸으니 혼자 공부하기를 바랍니다. 그동안 아이를 공부시키느라 지치기도 했고요. 그러나 아이들의 입장은 좀 다릅니다. 지금까지 부모님이 시키는 대로 공부했기에 혼자 공부하는 방법을 잘 모릅니다.

학원 의존도도 높습니다. 교실에서 학원에 다니는 사람들을 손들라고 하면 70% 이상의 아이가 손듭니다. 중학생뿐 아니라 고등학생도 마찬가지입니다. 영어 학원만 다니거나 수학 학원만 다니는 아이도 있지만, 종합 학원에 다니거나 과학이나 국어 학원까지 다니는 아이도 있습니다. 학원에 다니지 않는다고 해서 물어보면 대부분 과외를 한다고 하더군요.

아이들에게 학원을 왜 다니느냐고 물으면 대부분은 '그냥' 다닌다고 답합니다. 학원에 안 가면 불안하고, 학원에 가면 학원 선생님들이 다 알려주기 때문에 공부하기 편하다고 합니다. 스스로 공부하는 시간이 얼마나 되느냐고 물어보면 학원 숙제가 많아서 학원 숙제를 하는 것만으로 공부가 된답니다. 그것만 해도 시간이 부족하고 학원에서 공부하느라 지쳐서 스스로 공부를 더 하고 싶은 마음이 없다고 합니다. 시간 여유가 생기면 쉬고 싶은 마음에 공부나 독서보다 휴대전화나 컴퓨터로 게임을 하거나 SNS를 하면서 시간을 보냅니다.

어려서부터 사교육을 많이 받은 아이들에게 이런 모습이 더 많이 보입니다. 어려서부터 공부를 너무 많이 해서 공부가 지겹다고 합니다. 중학생 때 공부를 위한 달리기를 시작해야 하는데, 벌써 지쳐버린 것입니다.

중학생이 되면 학급 환경도 달라지고 지필평가와 수행평가 등 각종 평가를 하니 공부에 대한 부담도 커집니다. 학습 환경이 달라지면서 공부 의욕이 생기기보다 공부하는 것에 두려움을 느낍니다.

사교육의 공부 방식은 선생님의 설명을 듣고, 문제를 풀고, 틀린 문제에 대한 설명을 듣고, 다시 문제를 맞힐 때까지 반복해서 문제를 풉니다. 그런데 초등학생 때부터 이런 방식으로 공부하면 스스로 글을 읽고 이해하는 경험이 줄어듭니다. 혼자 생각하고 탐구하는 과정이 결여됩니다. 교과력이 자라지 못합니다. 스스로 부딪치고 깨지면서 익혀야 체득하는데, 그럴 기회가 없습니다. 스스로 공부하는 방법을 찾기 힘듭니다. 교과서를 보며 각 과목과 과목 선생님의 다양한 스타일에 맞춰서 공부해야 하는데, 사교육에만 의지하면 스스로 방법을 찾기 어렵습니다.

특히 시험 기간 아이들을 보면 학원에서 너무 많은 시험 대비를 시켜서, 막상 아이가 스스로 시험 계획을 세워서 공부할 틈이 없어 보입니다. 학원 스케줄을 따라가다간 자기주도학습 능력을 키우기 힘듭니다. 독서 학원도 마찬가지입니다. 독서 학원에 다닌다 해도 제공된 지문이나 책을 읽고 학원에서 시키는 활동만 할 뿐, 스스로 책의 내용을 고민하고 구조화하지 않습니다. 그럴 여유도 없습니다.

교과서를 읽을 때도 상황은 비슷합니다. 공부는 교과서라는 책을 읽고 이해하는 과정이 필수입니다. 능동적으로 읽고 이해해야 공부를 잘할 수 있습니다. 그런데 많은 아이가 독서를 하지 않습니다. 이것이 누적되어 중학생 정도가 되면, 문해력이 부족해서 교과서나 책을 읽지 않는 건지 교과서나 책을 안 읽어서 문해력이 부족한 건지 구분하기 힘들 지경입니다.

아이가 꾸준히 공부할 수 있는 바탕을 마련해야 합니다. 독서를 통해 문해력을 키우고, 주체적으로 교과서를 공부해 문해력을 교과력으로 발전시켜야 합니다. 아이가 스스로 읽고 고민해야 합니다. 문제를 풀더라도 어떻게 풀 건지 문제에 관해 끈기 있게 고민해야 합니다. 그렇게 하지 않으면 초등학교 때 공부 잘하던 아이의 성적은 중고등학생이 되면 뚝뚝 떨어질 수밖에 없습니다.

어휘력을 높여야
교과서에서 시험 문제가 보인다

시험 때마다 보는 모습이 있습니다. 시험을 치던 아이가 진지한 표정으로 질문이 있다고 손을 듭니다. 감독 선생님은 긴장한 표정으로 출제한 선생님을 호출합니다. 출제한 선생님이 아이에게 무엇이 궁금하냐고 묻습니다. 출제한 선생님은 아이의 질문을 듣는 순간 당황한 표정이 됩니다. 시험이 끝나고 나서 물어보면 십중팔구는 문제에 있는 단어의 뜻을 질문했다고 합니다. 감독을 할 때마다 겪었던 일이고, 저도 출제할 때마다 듣는 질문입니다. 어려운 단어를 질문하는 것이 아닙니다. 우리가 흔히 사용하는 단어들입니다.

교과서에 나오는 어휘는 시험 문제로 연결되는 중요한 단서입니다. 어휘력이 낮은 아이들은 교과서 내용과 시험 출제자의 의도를 이해하지 못합니다. 시험을 잘 볼 수가 없습니다.

어휘력을 키우는 방법은 무엇이 있을까요? 물론 가장 좋은 방법은 독서겠지요. 독서는 어휘를 단단하게 다질 수 있는 확실한 방법입니다. 하지만 시간이 오래 걸립니다. 중학생은 독서로 어휘력을 키우기에는 시간이 부족합니다. 다른 방법이 필요합니다.

아이들에게 당장 필요한 것은 교과서에 나오는 어휘입니다. 교과서를 꼼꼼히 읽으면서 모르는 단어가 나오면 사전을 찾으며 뜻을 익힙니다. 중학교 2학년 이상은 시간 단축을 위해 휴대전화의 인터넷 사전을 추천하지만, 중학교 1학년까지는 종이로 된 사전을 추천합니다. 가능한 사전의 예문까지 빠짐없이 읽고, 어감을 느낍니다. 어감은 말로는 명확히 설명하기 어려운 단어의 느낌인데, 예문을 다양하게 봐야 감을 잡을 수 있습니다. 3장의 '중학교: 어휘력 다지기'에서 모르는 단어를 찾아 정리하는 방법을 안내했습니다. 그렇게 사전을 꾸준히 찾았다면 어감을 충분히 알 수 있을 것입니다. 어감을 익히면 글의 의도를 파악하는 것이 더 수월합니다. 이것이 어휘력을 키우는 가장 확실하고 모범적인 방법입니다.

그런데 만약 중학교 교과서를 읽고 이해하는 것조차 어려워하는 아이라면, 어휘력 문제집을 활용하는 방법도 있습니다. 중학교 필수 어휘와 필수 개념어, 한자 성어, 관용구 등 학습 어휘를 정리해놓은 어휘력 문제집을 교과서 옆에 펼쳐 두고, 해당 어휘들이 교과서에서 실제로 어떻게 사용되었는지 확인해보는 겁니다.

물론 어휘력 문제집은 어디까지나 긴급 처방용입니다. 평소 꾸준히 책을 읽고 기초 문해력을 쌓아왔던 아이들은 교과서에 있는 어휘를 충분히 공부할 수 있습니다. 교과서에 나온 어휘만 알아도 시험 문제를 이해하는 게 어렵지 않습니다. 하지만 아이가 중학생이 되었는데도 기초 문해력이 낮아 교과서를 읽기 힘들어한다면, 어휘력 문제집을 교과서 보충 교재로 선택할 수 있습니다.《숨마주니어 중학 국어 어휘력》,《빠작 중학 국어 어휘》,《EBS 어휘가 독해다》와 같은 문제집이 있습니다. 가능한 편집이 깔끔하고 아이가 풀고 싶어 할 만한 것으로 골라주세요. 아이가 직접 선택한 문제집이면 더 좋습니다.

학교 수업 시간 전, 교과서에 나오는 어휘를 예습하는 것도 좋은 방법입니다. 단어의 뜻을 알아야 수업 시간에 더 잘 집중할 수 있습니다. 집중이 안 되면 수업이 재미없어집니다. 단어의 정확한 뜻을 모르면 자기 식대로 해석해버릴 가능성도 큽니다. 엉뚱하게 공부하거나 이해할 수도 있습니다. 한번 오개념이 잡히면 다시 원상복구 시키기는 몇 배나 힘듭니다. 처음부터 개념을 제대로 잡아야 합니다.

어휘력은 사고력과 독해력을 위한 기본 바탕입니다. 책과 교과서 읽기로 아이의 어휘력을 높여주세요. 중학교 어휘력이 고등학교 내신과 수능까지 이어집니다.

디지털에 익숙해져
교과서를 읽지 못하는 아이들

　TV에서 우리나라 학생들의 읽기 수준 변화에 관해 뇌 전문가가 강연하는 프로그램을 보았습니다. 15세 학생을 대상으로 읽기 검사를 했는데, 해가 갈수록 아이들의 읽기 점수가 낮아지고 읽기 능력 최하위 비율이 증가하는 추세였습니다. 뇌 전문가는 읽기 능력이 떨어지는 요인으로 디지털 기기를 사용하는 시간의 증가를 짚었습니다. 디지털을 접하는 시간이 길어질수록 뇌 백질 밀도가 낮아지고, 뇌 백질 밀도가 낮으면 뇌가 효율적으로 신호를 전달하지 못한다고 합니다. 이것은 언어 기능이나 인지 기능에도 영향을 미칩니다.

뇌 성장이 완성된 성인도 디지털 기기를 사용하는 시간이 늘면 읽기 능력이 떨어지는 경우를 자주 봅니다. 하물며 뇌가 한창 성장 중인 아이들은 말할 것도 없겠지요.

교과서 읽기는 단순히 글자를 읽기만 하는 행위가 아닙니다. 글을 읽으며, 내용을 유추하고 앞뒤 글의 흐름을 파악해 그 글이 이야기하는 바를 떠올리며 글의 내용을 이해해야 합니다. 이 과정은 겉으로 보이지 않지만, 뇌 안에서는 어마어마한 사고 회로가 작동해야 하는 고차원적인 활동입니다.

우리는 글을 읽을 때, 받아들이는 정도에 따라 뇌를 다르게 사용합니다. 글의 내용이 어려우면 천천히 읽으면서 뇌도 천천히 움직이고, 글의 내용이 쉬우면 빨리 읽으며 뇌를 효율적으로 움직입니다. 뇌 활용 속도 조절과 교과서 내용의 이해 정도를 위해서 추론, 상상, 유추 등이 필요한데, 이는 상위 인지 과정입니다. 즉, 교과서 공부를 통해 상위 인지 과정이 끊임없이 자극되는 것입니다.

교과서를 공부하면 전두엽과 후두엽이 쉬지 않고 신경 신호를 주고받습니다. 후두엽은 대뇌반구 중 뒤통수 쪽에 있는 부분으로 시각 정보의 처리를 담당합니다. 눈으로 들어온 시각 정보를 통해 사물의 위치, 모양, 운동상태 등을 분석하는 부위입니다. 전두엽은 대뇌반구 전방에 있는 부분으로 기억력, 사고력, 추리, 계획, 운동, 감정 문제 해결 등 고등 정신 작용을 관장합니다.

전두엽 중에서 앞부분에 해당하는, 인간 고유의 정신 기능을 담당하는 부분이 있습니다. 이 부분을 전전두엽이라고 합니다. 자신의 행동을 살피고, 감독하고, 행동을 지시하거나 머릿속의 내용을 수집, 분석하고 이를 바탕으로 중요한 결정을 내리는 등 매우 중요한 일을 수행하는 부위입니다. 머릿속에 들어온 정보를 분석하여 어떻게 판단하고 행동할 것인지를 결정하는 모든 과정을 이끄는 것이 바로 이 전전두엽입니다.

방금 눈으로 읽은 교과서의 내용은 후두엽에 임시 저장됩니다. 그리고 이것을 기억하고 이해하는 과정에서 교과서의 내용이 전두엽으로 이동합니다. 전전두엽은 전두엽의 내용을 분석하고 구조화하여 어떻게 공부할 것인지 결정하고 그에 맞는 행동을 하도록 합니다. 이해하고 기억해야 하는 내용이 많은 교과서 공부는 전전두엽을 자극하는 효과적인 방법입니다. 이 전전두엽이 활성화되면 깊이 있는 사고가 가능합니다.

주변 소리에 전혀 신경 쓰지 않고 푹 빠져서 책을 읽었던 경험이 있을 겁니다. 독서를 하면 외부 세계와 격리되고 자기만의 세계에 빠지는 '몰입 상태'에 돌입할 수 있습니다. 종교에서 이야기하는 정신 수양도 몰입 상태에 돌입하는 것을 목표로 합니다. 몰입 상태가 되면 한 단계 깊이 사고하는 단계로 나아갈 수 있는데, 이 경험이 반복되면 사고력을 더 크게 키울 수 있습니다.

그런데 디지털 기기는 그런 사고의 과정으로 나아가기 힘든 요인들이 많습니다. 디지털 기기는 짧은 시간에 빠르게 여러 정보를 제공합니다. 몰입 상태가 되기 위해 일정 시간이 소요되는데 디지털 기기는 몰입 상태에 돌입하기 전에 다음 단계로 넘어가 버립니다. 또 이해의 속도에 따라 독서 속도를 조절해야 하는데 디지털 기기는 받아들이는 속도를 조절하기 힘듭니다. 제공되는 정보에 맞춰서 그것을 수용해야 하기 때문입니다. 후두엽의 시각 정보를 전전두엽으로 옮겨 사고할 시간이 없는 겁니다.

문제가 또 있습니다. 디지털이 익숙해진 아이들은 글을 읽지 않습니다. 아니, 읽지 못합니다. 디지털 기기를 '읽지' 않고 '보기' 때문입니다. 읽어야 글의 맥락을 파악할 수 있는데, 읽기를 하지 않으니 문해력을 키울 수 없고, 교과서 읽기에도 어려움을 느낍니다.

디지털 기기는 다양한 자료를 제공합니다. 한 번의 클릭으로 관련 동영상이나 자료를 손쉽게 검색할 수 있습니다. 모르는 단어나 내용이 나오면 사전을 찾거나 추가 정보를 찾는 것도 편리합니다. 찾은 정보를 일일이 손으로 쓸 필요도 없습니다. 몇 번의 터치로 원하는 정보도 찾고, 새로운 정보를 만들어내거나 옮길 수도 있습니다.

디지털을 활용하면 자신이 디지털 속의 정보를 능동적으로 다루고 있다고 생각할 수 있습니다. 그러나 실제로는 그렇지 않습니다. 디지털 기기가 이끄는 대로 글과 자료를 보게 되기 때문이죠. 클릭 한 번이면 모든 것이 해결되니 문제를 어떻게 해결해야 할지 사고하는 과정도 필요 없습니다.

교과서는 다릅니다. 교과서는 모든 정보를 제공하지 않습니다. 교과서를 읽다가 궁금하거나 필요한 것이 생기면 그것을 어떻게 찾아야 할지 생각하고 직접 찾아야 합니다. 다소 불편하지만, 이 방법이 사고를 능동적으로 키울 수 있습니다. 이 과정들은 저절로 이룰 수 없거든요. 글을 읽는 사람이 스스로 생각해서 정보를 찾고 판단해야 하기 때문이죠. 교과서에 원하는 것이 없으면 다른 책이나 자료에서 찾기 위해서 직접 움직여야 합니다.

교과력은 오랜 시간에 걸쳐서 키워집니다. 교과력을 키우기 위해 교과서에 있는 글을 '읽고', '생각하며' 궁금한 것이 있다면 그것을 직접 '탐구'해야 합니다. 디지털 기기가 제공하는 방식은 교과력을 키우는 방식과 거리가 있습니다. 어릴 때부터 디지털 기기에 익숙해진 아이들은 교과서를 읽는 방식이 낯설 것입니다.

낯설다고 교과서를 공부하지 않으면, 나중에는 공부하려 해도 힘들어서 실패합니다. 교과서를 공부하면서 몰입을 배우고 깊이 사고하는 단계로 나아가야 합니다. 이런 행위는 문제만 나열되어 있는 문제집을 풀거나 디지털 속 정보를 읽는 것에서는 얻을 수 없습니다.

스마트폰을 신체의 일부처럼 사용하는 세대라는 뜻의 '포노 사피엔스Phono Sapiens'라는 말이 있을 정도로 디지털에 익숙한 아이들입니다. 이 아이들에게 휴대폰을 들여다보는 것 대신, 억지로라도 교과서를 읽게 해야 합니다. 학년이 올라갈수록 책을 읽고 교과서 공부를 꾸준히 한 아이와 그렇지 않은 아이의 교과력 격차는 점점 더 커질 것입니다. 이 교과력 격차는 학습뿐 아니라 생활 전반의 격차를 가져 옵니다.

8장

중학교 학년별
학습 포인트

중학교 1학년:
자유 학기 대비하기

자유 학기는 한 학기 또는 한 학년 동안 지식과 경쟁 중심에서 벗어나 학생 참여형 수업을 시행하고 학생의 소질과 적성을 키울 수 있는 다양한 체험 활동을 중심으로 교육과정을 유연하게 운영하는 제도입니다.

2025년에는 1학년 한 학기와 3학년 한 학기에 자유 학기를 시행합니다. 중학교에 처음 입학하면 만나는 것이 바로 이 자유 학기입니다.

아직 자유 학기를 겪어보지 않았고 부정적인 이야기도 있어, 많은 분이 불안해합니다. 저 역시 제 아이가 자유 학기를 겪기 전에는 불안한 마음이 있었습니다. 교사로서는 평가에 얽매이지 않고 여러 방식으로 아이들에게 수업을 할 수 있어 좋았지만, 학부모로서는 지필평가가 없어서 아이들이 학습 습관을 잡지 못하는 건 아닐까 걱정되었죠.

그런데 학부모로 자유 학기를 겪어보니 자유 학기의 긍정적인 효과가 크다는 생각이 들었습니다. 자유 학기가 초등학교와 중학교의 완충 역할을 해주었거든요.

중학교 1학년은 아직 중학교 시스템에 익숙하지 않습니다. 중학교 시스템에 익숙해지려면 시간이 필요합니다. 초등학교에 입학했을 때, 한 달간 적응 기간이 있었던 걸 기억할 겁니다. 그 시기와 비슷하게 생각하면 됩니다. 물론 자유 학기라고 해서 놀기만 하거나 의미 없는 수업을 하지는 않습니다.

자유 학기 수업도 다른 학년과 똑같습니다. 선생님들은 1학년 수업만 하는 게 아니라 2, 3학년 수업도 합니다. 1학년 수업이라고 2, 3학년과 완전히 동떨어지게 수업을 계획하지 않습니다. 자유 학기 동안 지필평가만 보지 않을 뿐이지 교과 시간마다 교과의 특성이 반영된 다양한 활동과 수행평가를 합니다. 이런 활동을 통해 아이는 중학교에 익숙해집니다.

만일 자유 학기 없이 바로 성적을 산출했다면 적응하지 못한 상태로 각종 평가를 받느라 좋은 성적을 받지 못할 수 있습니다. 중학교에 맞는 학습 방법을 찾는 데 시간이 필요합니다. 자유 학기로 중학교에 적응한 아이는 학습과 평가에 필요한 것을 스스로 챙깁니다.

자유 학기 운영은 학교마다 조금씩 다르지만 대체로 비슷합니다. 오전에는 기존의 교과 수업을 운영합니다. 이 수업은 2, 3학년 수업 방식과 다르지 않습니다. 과목별로 조금씩 다르지만, 수행평가 형식으로 아이들의 활동을 관찰하고 그 내용을 서술합니다. 단원이 끝나면 단원 평가를 치는 선생님도 있습니다. 오후가 되면 자유 학기 수업인 주제 선택 활동, 진로 탐색 활동, 예술 체육 활동, 동아리 활동을 운영합니다.

자유 학기 수업을 살짝 더 살펴보겠습니다.

주제 선택 활동은 교과별로 심화해서 다루고자 하는 주제를 선택해 수업하고, 진로 탐색 활동은 진로 검사를 하거나 진로 탐색을 위한 여러 탐구 활동을 합니다. 예술 체육 활동은 미술이나 음악 등의 예술 활동과 각종 체육 활동을 하고요. 동아리 활동은 창의적 체험 활동에서 운영하는 동아리 활동과 유사합니다. 이 활동들은 학생의 희망에 따라 선택해서 운영합니다.

시험을 보지 않아 긴장이 다소 덜할 수 있으나 교과 수업 시간에 자유학기제라고 했을 때 일반적으로 떠올리는 놀기만 하는 수업을 운영하거나 수업이 제대로 진행되지 않는 일은 없습니다. 평가가 없기에 수업 시간에 평가가 전제된 교사 중심의 일제식 수업보다 학생 중심의 참여식 수업으로 운영되는 수업이 더 많습니다. 그래서 수업 시간에 아이들은 더 많이 발표하고, 더 많이 토의합니다. 이때 수업 중 발표와 토의 기본 자료 역시 교과서입니다. 교과서를 읽고, 이해해서, 교과서 내용과 보조 자료를 찾아서 발표하고 토의합니다.

자유 학기 수업이라 해도 교과서 내용으로 활동을 하는 것입니다. 교과서를 읽지 못하면 수업에 참여할 수 없지요. 저희 학교 사회 선생님은 자유 학기 수업으로 '지역 사회 탐구반'을 운영했는데요. 사회 교과서에 있는 지도와 관련된 단원, 경제와 관련된 단원을 공부한 다음, 아이들과 학교 주변 상가를 직접 탐구하고 상인분들께 인터뷰 등의 활동을 하였습니다. 그리고 그것을 바탕으로 거대한 지도를 만들었습니다. 아이들 모두 무척 재미있는 활동이었다고 했습니다. 아이들은 의식하지 않았겠지만, 이 활동을 할 때도 교과서 내용을 제대로 이해한 모둠과 그렇지 못한 모둠의 결과물 수준이 꽤 차이 났다고 합니다.

지필평가가 있으면 한 달 전부터 지필평가를 준비해야 합니다. 중간중간 수행 준비도 해야겠지요. 시간 여유가 없습니다. 그런데 자유 학기 때는 시험이 없어 시간 여유가 있습니다. 이 시간에 교과서를 탐독해야 합니다.

평가가 없는 자유 학기 때 평가가 목적이 아닌 교과서 읽기를 하며 교과서를 읽는 방법을 연습하고, 교과서에서 앎의 즐거움을 느끼는 겁니다. 평가에 쫓기면 여유롭게 교과서를 읽을 수 없습니다. 교과서는 다양한 영역의 기초 교양을 쌓는 훌륭한 교재입니다.

1학년 때는 책을 읽는 것처럼 교과서를 읽고 교과서를 읽는 재미에 빠지게 해주세요. 3학년 자유 학기 때는 고등학교 준비를 해야 해서 교과서를 편안한 마음으로 읽기 힘듭니다. 1학년 자유 학기가 교과서 탐독의 골든타임입니다. 이렇게 쌓은 교과력은 중학교 학습 습관에 중요한 바탕이 되고 고등학교에서 좋은 성적을 받는 데 큰 힘이 됩니다.

중학교 2학년:
지필평가 대비하기

　중고등학교의 내신 성적은 학기별 지필평가와 수행평가를 합하여 산출합니다. 지필평가는 학생이 자신의 지식 및 기능에 대한 습득 여부를 나타내기 위해 종이와 필기도구를 이용해 주어진 문항에 대해 응답하는 방식의 평가로, 과목에 따라 학기당 1~2회로 시험 날짜가 정해진 평가입니다. 지필평가는 방식에 따라 선택형, 서답형, 서술형, 논술형 등으로 구분됩니다.

　그에 비해 수행평가는 교과 담당 교사가 학생의 학습 수행 과정과 결과를 관찰하고 그 관찰 결과를 판단하는 방식의 평가로 최소 2회 이상 이루어집니다. 포트폴리오, 관찰, 구술, 프로젝트, 면

담 등 다양한 방식으로 수업 시간 중에 운영됩니다.

내신 성적을 산출하기 위해 지필평가를 실시합니다. 지필평가는 1차 지필평가, 2차 지필평가로 나뉘는데, 과목에 따라 지필평가를 2회 실시하기도 하고, 1회만 실시하기도 합니다. 또 지필평가 없이 아예 수행평가만 실시하기도 합니다.

아래 표는 근무교의 2학년 평가 계획입니다. 수행평가의 내용은 수행평가1, 수행평가2 등으로 표기했습니다.

과목	구분	1차 지필평가		2차 지필평가		수행평가		(1차):(2차):(수행)
국어	영역	선다형	서술형	선다형	서술형	수행평가1	수행평가2	0:40:60
	배점	0점	0점	0점	100점	100점	100점	
	학기말 반영비율	0%	0%	0%	40%	20%	40%	
도덕	영역	선다형	서술형	선다형	서술형	수행평가1	수행평가2	35:35:30
	배점	25점	75점	25점	75점	100점	100점	
	학기말 반영비율	8.75%	26.25%	8.75%	26.25%	15%	15%	
역사	영역	선다형	서술형	선다형	서술형	수행평가1	수행평가2	35:35:30
	배점	25점	75점	25점	75점	100점	100점	
	학기말 반영비율	8.75%	26.25%	8.75%	26.25%	15%	15%	
수학	영역	선다형	서술형	선다형	서술형	수행평가1	수행평가2	35:35:30
	배점	28점	72점	28점	72점	100점	100점	
	학기말 반영비율	9.80%	25.20%	9.80%	25.20%	20%	10%	
과학	영역	선다형	서술형	선다형	서술형	수행평가1	수행평가2	35:35:30
	배점	28점	72점	28점	72점	100점	100점	

		선다형	서술형	선다형	서술형	수행평가1	수행평가2	수행평가3	수행평가4	
	학기말 반영비율	9.80%	25.20%	9.80%	25.20%	20%	10%			
기술·가정	영역	선다형	서술형	선다형	서술형	수행평가1	수행평가2			0:0:100
	배점	0점	0점	0점	0점	100점	100점			
	학기말 반영비율	0%	0%	0%	0%	50%	50%			
체육	영역	선다형	서술형	선다형	서술형	수행평가1	수행평가2			0:0:100
	배점	0점	0점	0점	0점	100점	100점			
	학기말 반영비율	0%	0%	0%	0%	50%	50%			
음악	영역	선다형	서술형	선다형	서술형	수행평가1	수행평가2			0:0:100
	배점	0점	0점	0점	0점	100점	100점			
	학기말 반영비율	0%	0%	0%	0%	50%	50%			
미술	영역	선다형	서술형	선다형	서술형	수행평가1	수행평가2			0:0:100
	배점	0점	0점	0점	0점	100점	100점			
	학기말 반영비율	0%	0%	0%	0%	50%	50%			
영어	영역	선다형	서술형	선다형	서술형	수행평가1	수행평가2	수행평가3		35:35:30
	배점	0점	100점	0점	100점	100점	100점	100점		
	학기말 반영비율	0%	35%	0%	35%	10%	10%	10%		
정보	영역	선다형	서술형	선다형	서술형	수행평가1	수행평가2	수행평가3	수행평가4	0:0:100
	배점	0점	0점	0점	0점	100점	100점	100점	100점	
	학기말 반영비율	0%	0%	0%	0%	15%	15%	30%	40%	

중학교 2학년 평가 계획표

교육과정이 바뀔 때마다 수업 중 학생의 활동을 강조하여 수행 평가의 비중이 늘어나는 방향으로 변화하고 있습니다. 지필평가의 비중은 상대적으로 줄어들어도 여전히 중요합니다.

지필평가는 과목 수에 따라 이틀이나 사흘 정도 소요됩니다. 위의 표에서 보듯 수행평가와 지필평가의 점수 비중은 대체로 비슷합니다. 그런데 수행평가와 지필평가를 대하는 아이들의 태도는 다릅니다. 수행평가는 평소 수업 중의 활동을 평가하는 거라 부담스러워하지 않는 아이들도 꽤 있습니다. 그러나 지필평가는 다릅니다. 진짜 '시험'을 친다는 느낌입니다. 그래서 시험 시간표가 발표되면 시험 준비도 하고, 시험 전날 긴장합니다. 학습 내용을 기억하고 유지하기 위해 적당한 긴장이 필요한데, 지필평가가 그 역할을 합니다.

다음은 근무교의 지필평가 중 하루의 시간표입니다.

교시	일자 / 학년	4/19(화)	
		2학년	3학년
1교시	09:00 (예비령)	수학	수학
	09:05-09:50 (45분)		
2교시	10:05 (예비령)	자기주도학습	사회
	10:10-10:55 (45분)		
3교시	11:10 (예비령)	과학	과학
	11:15-12:00 (45분)		
점심 식사, 종례 후 귀가			

중학교 2, 3학년 1학기 1차 지필평가 시간표 예시

지필평가 기간은 학년 초에 안내됩니다. 대체로 1학기 1차 지필은 4월 말~5월 초, 2차 지필은 6월 말~7월 초이고, 2학기 1차 지필은 9월 말~10월 초, 2차 지필은 11월 말~12월 초입니다. 그리고 지필평가 2주 전쯤에 지필평가 시간표가 발표됩니다. 선생님들도 이 시기쯤 구체적인 시험 범위를 안내합니다.

지필평가 준비를 하려면 교과서와 수업 시간 필기를 모두 꼼꼼하게 읽어야 합니다. 프린트물이 있다면 프린트물도 보고요. 이 모든 자료는 글로 이루어져 있습니다. 이것을 반복해서 읽고, 이해해야 합니다. 물론 문제집은 교과서의 내용과 수업 시간 선생님이 다룬 내용이 깔끔하게 정리되어 있습니다. 보기에도 좋고, 일목요연하게 정리도 잘 되어 있습니다. 그러나 정리된 문제집을 읽으며 공부하면 수동적으로 공부를 할 수밖에 없습니다. 교과서를 읽고 스스로 정리해야 합니다. 시험 문제는 문제집처럼 요약 정리된 내용이 아니라 날것 그대로의 교과서 내용을 바탕으로 출제됩니다.

시험 기간이 되면 많은 아이가 학원에서 나눠준 프린트물을 달달 외우고 있습니다. 요즘 학원에서 나눠주는 프린트물은 방대합니다. 심지어 과목별로 특정 선생님의 시험 문제만 묶어서 자료를 제공하기도 하더군요. 공립 교사들은 학교를 옮겨 다니는데 문제를 모았다니, 놀라울 따름입니다.

그 프린트물을 공부하는 아이들에게 교과서는 읽었냐고 물어보면 열에 여섯은 읽지 않았다고 답합니다. 그러면 그 프린트의 내용이 이해가 잘 되냐고 하면 이해는 안 되지만 시험 때문에 외우고 있다고 합니다. 시험을 위해 암기만 하는 거죠. 시험 문제는 교과서에서 다 나온다고 이야기하면 알겠다고 대답하지만, 다음 시험 때도 유사한 모습이 반복됩니다. 성적이 잘 나오지 않는 아이들이 대부분입니다.

수행평가도 마찬가지로 교과서가 중요합니다. 수행평가는 수업 시간에 이루어지는데, 교과서에서 제시한 활동을 하거나 교과서의 내용을 자세히 조사해서 발표하는 방식으로 이루어집니다. 수행평가도 역시 교과서 공부가 바탕이 되어야 하는 거죠.

결국 지필평가도, 수행평가도 교과서가 바탕입니다. 이 시험들을 잘 보려면 교과서 읽기는 필수입니다.

중학교 3학년:
고입 준비하기

중학교 3학년이 되면 고입을 신경 써야 합니다. 물론, 그 이전에 진로를 미리 생각하는 것이 좋습니다. 그런데 뭐든 발등에 불이 떨어져야 하게 되더라고요. 아이들도 비슷합니다. 발등에 불이 떨어지기 전까지는 진로에 대해 깊이 생각해보지 않는 경우가 많습니다. 그러나 3학년이 되면 확실하게 진로를 결정해야 합니다.

3학년 담임을 하면서 느끼는 건 일부 부모님을 제외하고는 부모님들도 고등학교에 대해 잘 몰라서 뭘, 어떻게 준비할지 고민이 많다는 겁니다. 아이의 인생이 결정된다고 생각하니 섣불리 선택하기도 두렵고요. 또, 부모님과 아이의 의견이 달라 고입을 두고 다투는 경우도 많습니다. 고등학교에 대해 간략하게라도 알고 있어야 선택이 쉽습니다. 제일 좋은 방법은 아이의 진로를 미리 생각해두고 그에 맞는 고등학교를 선택하는 거겠지요.

먼저 고등학교의 종류를 살펴볼까요? 고등학교에는 일반고, 특목고(외고, 국제고, 과고, 예고, 체고, 마이스터고), 특성화고, 자율고(자사고, 자공고), 기타(영재학교, 학력 인정고)가 있습니다. 3학년이 되기 전, 미리 아이와 고등학교와 관련해 이야기를 많이 나누고, 여러 학교의 학교 설명회를 듣기를 추천합니다.

인문계 고등학교 1학년 담임을 할 때, 적성에 맞지 않는데 엄마가 억지로 인문계고로 원서를 써서 다니게 되었다며 상담 내내 특성화고로 전학 가고 싶다고 이야기하는 아이가 많았습니다. 다행히 고등학교 2학년이 되었을 때 학교에 적응한 아이도 있지만, 안타깝게도 적응하지 못하고 3년간 방황한 아이도 있었습니다.

진우는 중학교에 다니던 내내 학교에 적응하지 못했던 아이입니다. 그러다 특성화고등학교에 입학했는데, 선생님들은 진우가 고등학교 생활을 잘할 수 있을지 걱정했습니다.

진우가 고등학교 2학년 때, 중학교에 찾아왔습니다. 지금 진우는 학교에서 '인싸'라고 합니다. 학교에 다니는 것이 즐겁다고 하며 학교생활에 자신감을 보였습니다. 진우는 그 학교에 가서 다행이라고 하며, 일반 인문계 고등학교에 갔다면 자신은 여전히 적응하지 못했을 거라고 했습니다. 선생님들 모두 잘 된 진우를 보면서 자기 일처럼 기뻐했습니다.

가람이도 비슷합니다. 가람이는 걸핏하면 주변 친구들과 주먹다짐하는 아이였습니다. 중학교 3년 내내 마음을 졸였는데, 다행히 무사히 중학교를 졸업했습니다. 가람이는 여러 특성화고등학교 중 적성에 맞는 곳에 진학했습니다.

가람이도 고등학교 2학년 겨울 방학식 날 찾아왔는데 그 학교에서 우수 장학생이 되었다고 했습니다. 그 덕에 중학교 때라면 생각지도 못한, 이름만 들어도 알만한 좋은 곳에 취직할 예정이라고 하더라고요. 모든 선생님이 축하한다며 가람이의 손을 꼭 잡았습니다.

성민이는 자신이 꼭 가고 싶은 학교장 전형의 고등학교가 있었습니다. 학교장 전형의 학교는 일반 인문계 고등학교와 원서 제출일이 같아서 한 곳을 선택해야 합니다. 만일 학교장 전형에서 떨어지면 후기 고등학교에 입학해야 하는데, 후기 고등학교 자리가 없으면 최악의 경우, 그 해에 고등학교에 입학하지 못할 수도 있습니다.

성민이 성적으로는 그 학교에 입학 여부가 불투명했습니다. 안정권 성적이면 안심하고 입학 원서를 쓰든지 아예 떨어질 것 같으면 미련을 버릴 텐데, 참 애매한 점수였습니다. 원서 접수 마지막 날까지 성민이 어머니와 저는 전화를 주고받으며 고민했습니다.

다행히 성민이가 가고 싶어 하던 학교에서 합격할 수 있을 것 같다는 연락이 왔고, 결국 합격했습니다.

입학할 때, 거의 전교 꼴찌로 입학했던 성민이는 이제 전교권이라고 합니다. 자신이 간절히 바란 학교에 입학하게 되어 생긴 마법이 아닐까 합니다.

고등학교를 잘 선택하면 자신이 바라는 대로 고등학교 생활을 잘 할 수 있지만, 잘못 선택하면 아이의 고등학교 생활이 힘들어집니다. 고등학교를 선택하는 시기가 중학교 3학년입니다. 아이와 함께 진로를 의논하고, 적성에 맞는 고등학교를 선택해야 합니다. 그런데 현실은 그렇게 딱 맞는 고등학교 선택이 쉽지 않습니다.

중학교 3학년 아이들의 진학 상담을 위해 상담 카드를 받으면 희망 고교란이 대부분 비어 있습니다. 고입 상담을 할 때마다 학급 아이의 1/3 이상이 아직 어느 고등학교에 가야 할지 잘 모르겠다고 답합니다. 희망 고등학교를 쓴 아이들도 대부분 자신은 어디로 진학할지 결정 못했지만, 부모님이 권한 고등학교를 썼다고 답합니다.

아이들에게 다시 부모님과 충분히 의논해서 학교를 결정하라고 하면서 고등학교별 특징을 설명하고, 성적을 바탕으로 학교를 안내합니다. 단지 안내일 뿐이니 반드시 부모님과 의논해서 선택하라는 말과 함께요. 교사는 객관적인 현재 학습 상태와 학교 정

보는 제공할 수 있지만 아이의 성향을 제일 잘 아는 건 부모님이
니까요.

　고등학교 선택만큼 중요한 것이 고등학교에서의 적응입니다.
그래서 중학교 3학년 2학기 때, 선행 학습을 하는 아이들이 많습
니다. 저는 선행 학습이 나쁘다고 생각하지 않습니다. 고등학교에
적응하는 데 적절한 선행이 도움이 될 수 있으니까요.
　그렇다면 어떻게 효율적으로 선행을 할 수 있을까요? 교과목
별로 그 방법을 살펴보겠습니다.
　수학은 고등 수학 선행과 중학 수학 심화를 병행하면 좋습니
다. 고등학생이 되면 학습량이 폭발적으로 증가하는데, 워낙 방대
한 양이어서 학교 수업을 한 번 듣고 완전히 '내것화'하기가 힘들
수 있기 때문입니다. 수학은 학습 시간이 오래 걸리는데 수학 공
부에 시간을 너무 많이 투자하면 다른 과목을 공부할 시간이 부
족합니다. 미리 공부해서 학교 수업 시간에 바로 내것화하면 다른
과목을 공부할 시간이 생깁니다.
　또 수학은 아무리 열심히 해도 성적이 잘 오르지 않습니다. 시
간 안에 빠르고 정확하게 푸는 연습을 하고, 심화 학습을 통해 부
족한 부분을 점검해야 합니다.
　다음으로 영어입니다. 영어 영역에서 가장 쉽게 점수를 획득할
수 있는 부분은 영어 듣기입니다. 영어 듣기가 어렵지는 않지만,

영어 듣기 시간 동안 집중력을 발휘해서 만점을 받기는 쉽지 않습니다. 전국 영어 듣기 평가를 수행평가로 활용하는 경우가 많은데 중학교 때 영어 듣기를 완성해두는 것이 좋습니다.

고등학교 시험 문제는 영문법을 응용해서 영작하거나 문장을 완성하는 문제가 많습니다. 영어독해를 할 때, 글의 주제 파악도 중요합니다. 한 단락의 글을 읽고 필자가 말하고자 하는 주제나 요지를 파악할 수 있어야 합니다. 영어 단어, 영어 문법을 바탕으로 전체 흐름을 읽고 요지를 파악해야 합니다. 그래야 영어 킬러 문항을 해결할 수 있습니다.

마지막으로 국어입니다. 국어는 교과서와 지문의 양이 늘어납니다. 그 긴 글을 읽을 수 있도록 훈련이 필요합니다. 가능하면 사자성어까지 공부하면 좋습니다. 문학과 문법 개념도 정리합니다. 중학교 3학년 겨울 방학 때 문학과 문법을 한 번 짚고 가는 것이 좋습니다.

물론 고입 준비의 바탕은 교과서입니다. 교과서를 읽으며 중학교 내용을 정리하고, 고등학교에서 무얼 배우는지 미리 살펴보는 것이 고입을 준비하는 중요한 과정임을 잊지 마세요.

9장

중학교 교육의 핵심과
부모 가이드

초등 생활 습관을
'학습 습관'으로 확장하기

고등학교에서 아이들을 가르칠 때, '열심히 공부하는데 어쩜 저리 성적이 오르지 않을까?' 하고 안타까울 때가 많았습니다. 아이들 대부분은 눈떠서 잠들 때까지 교과서와 문제집을 붙들고 있었습니다. 그러나 매달 치는 모의고사 성적은 늘 제자리였습니다. 아니, 학년이 올라갈 때마다 오히려 성적이 떨어졌습니다. 학년과 성적은 반비례하는 게 아닌가 의심이 들 정도였습니다.

공부법을 코치하기도 하고 학습을 도와주기도 하면서 아이들의 성적을 올리려고 애썼지만, 성적은 쉽사리 오르지 않았습니다. 이렇게 열심히 공부하는데 왜 성적이 오르지 않을까요?

이후 중학교 교직에 섰을 때 그 이유를 알 수 있었습니다. 중학생 때는 학습 습관을 잡아야 하는데 많은 중학생이 그러지 못하고 있었습니다. 초등학생 때 키운 생활 습관을 바탕으로 중학생 때는 학습 습관을 잡아야 합니다. 중학교 학습은 고등학교 학습의 바탕이 됩니다.

학습은 머릿속에서 일어나는 과정이기 때문에, 겉으로 드러나는 공부하는 모습만 보고는 아이의 머릿속에서 학습이 얼마나 원활히 일어나고 있는지 알 수 없습니다. 중학교 때 학습 습관을 잡아 공부의 하드웨어를 갖추고, 고등학생 때 공부의 소프트웨어를 갖추어야 합니다.

앞서 초등학교 때 12년 공부를 위한 생활 습관을 기르는 것에 대해 말씀드렸습니다. 별거 아닌 것같이 보이지만 초등학생 때 수업 시간에 제자리에 앉아 수업에 참여하기, 수업 시간과 쉬는 시간 구분하기, 특별실로 이동할 때 조용히 이동하기, 준비물 챙기기, 시계 보기 등 초등학교의 모든 활동이 중요하다고 말이죠. 초등 중학년까지는 학습적인 내용보다 생활과 관련된 것을 익히고 습관화하는 활동이 중심이 됩니다. 초등 고학년이 되면 학습 습관을 위한 준비를 서서히 하고요.

초등학교 때 생활 습관을 키워놓아야 중학교에 진학했을 때 이를 기초 삼아 학습 습관을 잡을 수 있습니다. 반면 생활 습관이 잡히지 않은 채 중학생이 되면 수업 시간에 적응하기 힘들 것입니다.

선생님도 마찬가지입니다. 45분 내내 수업 종이 치면 자리에 앉아야 한다, 노는 건 쉬는 시간에 해야 한다며 생활 지도를 하느라 수업은 뒷전이 되겠지요. 실제로 코로나19로 초등 고학년 때 2년간 온라인 수업을 실시한 학년의 아이들이 입학하자, 많은 중학교 선생님들이 아이들의 학습 습관을 잡아주느라 고군분투했습니다. 1학년 수업을 들어가는 선생님들마다 수업 시간 내내 학습 습관이 안 잡혀서 수업이 제대로 운영되지 않는다고 걱정했습니다.

초등학생 때 잡아둔 생활 습관을 중학생 때 학습 습관으로 확장하기 위해 어떻게 해야 할까요?

기본적으로 수업 시간에는 선생님의 말씀을 집중해서 잘 듣고, 학습한 내용을 꼼꼼히 필기해야 합니다. 수업 시간 선생님의 말씀을 잘 이해하기 위해 교과서를 철저히 읽고 예습과 복습도 해야겠지요. 누구나 다 아는 내용이지 않나요?

그런데 이것을 행동으로 옮기는 것은 결코 쉬운 일이 아닙니다. 이것이 쉬웠다면 모든 아이가 공부를 잘했겠지요. 알고 있는 것을 실제로 옮기는 일은 절대 쉽지 않습니다. 수업 시간에 집중하고, 교과서로 예습과 복습을 잘하는 것은 가장 기본적이면서 가장 중요한 학습 습관입니다.

중학교는 초등학교 6학년보다 교과목 수도 늘고 학습량도 늡니다. 또 훨씬 심화된 내용을 다룹니다. 수업 시간도 길어집니다. 7

교시까지 수업하는 날도 생깁니다. 중학생 때 학습하는 습관을 갖추지 않으면, 고등학생이 되어서는 단순히 공부를 열심히 한다고 성적이 오르지 않습니다. 중요한 건 모두 놓치고, 그렇지 않은 부분만 공부하는 것이지요. 안타까운 일입니다.

초등학생 때는 단원 평가 정도의 시험이라 크게 부담이 없었다면, 중학생은 성적이 숫자로 표기되어 학습 습관이 곧바로 성적으로 드러납니다. 학교에서 아이들의 등수를 산출하지는 않지만, 아이들끼리 성적을 공유하면서 서로의 등수를 가늠합니다. 자신의 학습 위치가 파악되는 셈입니다.

내신 성적을 산출할 때, 지필평가와 수행평가가 합산됩니다. 수행평가는 수업 중 활동을 평가합니다. 수행평가를 실시할 때, 수업 시간 활동을 관찰하고 수업 중 필기를 검사하기도 합니다. 활동 내용과 필기 내용은 지필평가에서 문제로도 나옵니다. 수업 시간에 집중해서 듣고 필기하고 활동하지 않으면 좋은 성적을 받을 수 없는 거죠. 학습 습관을 잡지 않으면 중학교 적응이 힘든 이유입니다.

아무리 느긋한 아이라 해도 성적표를 받을 때는 마음이 불안할 수밖에 없습니다. 성적표에는 자신의 학습이 숫자로 평가되어 있거든요. 이런 일이 반복되면 학습의 필요성을 느끼고 학습 습관을 잡습니다.

1학년 때는 중학교 체제에 따라가기 급급하던 아이들이 2학년이 되어 성적표를 받으면서 과목별로 자신의 학습 정도를 판단하고 그에 맞춰 공부하기 시작하는 모습이 보입니다. 3학년이 되면 각자 방식으로 학습 습관을 잡고 그에 맞춰 공부합니다.

지난 21년간 아이들을 관찰하면서, 특히 교과서로 꼼꼼하게 공부하는 아이들이 수업 시간을 놓치지 않고 잘 따라간다는 것을 확인했습니다. 수업 시간을 기준으로 교과서를 예습하고 복습하는 기본적인 루틴이 매우 중요한 중학교 학습 습관으로 자리 잡히는 것입니다. 그것이 고등학교 성적과 직결되고요.

아이가 학습 습관을 잡을 때 좀 더 효율적으로 할 수 있게 곁에서 도와주면 더 좋겠지요. 학습 습관을 잡기 위한 두 가지 보조 도구를 제안합니다.

첫째, 타이머입니다. 타이머는 하루 동안 총 몇 시간이나 공부하는지 체크하는 도구입니다. 타이머는 중학교 2학년부터 많이 사용합니다. 타이머 디자인이 다양한데, 매년 또래 사이에 유행하는 디자인이 조금씩 다릅니다. 또래 아이들이 사용하는 것을 보고 비슷한 것으로 구입하면 됩니다. 타이머를 구입하면 고등학생 때까지 유용하게 사용할 겁니다.

둘째, 스터디 플래너입니다. 스터디 플래너는 공부를 계획적, 체계적으로 하기 좋습니다. 매일 무슨 과목을 얼마나 할 건지 체크하고 확인하는 용도로 사용합니다. 간혹 다이어리 꾸미기처럼 스터디 플래너를 꾸미는 데 시간을 보내는 경우가 있는데, 이것만 조심하면 스터디 플래너를 이용해서 계획적이고 체계적으로 학습할 수 있습니다.

공부는 엉덩이 힘으로 한다는 말이 있습니다. 중학생은 엉덩이 힘을 키워나가는 시기입니다. 이 엉덩이 힘을 키우는 과정이 바로 학습 습관을 잡는 과정입니다.

재미 독서에서
'목적 독서'로 건너가기

학교 도서관에는 한국 단편 소설을 만화책으로 만든 책들이 구비되어 있었습니다. 국어 수업 시간 중 한 시간을 이용해 학교 도서관에 아이들을 데리고 갔습니다. 그 만화책은 고등학교 입학 전 반드시 알아 두어야 하는 작품들로 만든 책이라, 아이들에게 가능한 그 책들을 읽기를 권했습니다. 그러나 아이들은 재미없어 보이는 제목을 보고 그 책들을 읽기 싫어했습니다.

결국 저는 아이들을 협박했습니다. '국어 시간에 도서관에 온 것이기 때문에 무조건 줄글 책을 읽어야 한다. 다만 이 책은 만화책이지만 특별히 읽는 것을 허락하겠다'라고요. 그러자 갑자기 아이들이 그 책에 몰려들었습니다. 줄글 책은 정말 읽기 싫었나 봅니다.

너무 세게 협박했나요? 그래도 중학교 3학년 아이들이 한국 소설의 내용을 꼭 알아야 한다고 생각했거든요. 그리고 만화책이라, 책을 좋아하지 않는 아이들에게도 자신 있게 권할 수 있었습니다. 다행히 아이들이 의외로 재미있다고 하면서 다른 책을 읽기도 하고 자기들끼리 작품에 관한 이야기도 나누었습니다. 만화책이어서 빛을 발할 수 있었던 거지요. 나중에 도서관에서 읽었던 작품 중 몇 편이 교과서에 나왔는데, 그때도 자신들이 그 작품을 읽었던 기억을 떠올리며 수월하게 이해했습니다.

그전까지 재미 위주의 독서를 했다고 해도 중학생이 되면 공부를 염두에 둔 '목적 독서'를 해야 합니다. 아이들에게 권한 한국 단편 소설 만화책 읽기는 만화책이라는 재미 독서와 국어 공부라는 목적 독서가 결합한 독서입니다. 중학생은 재미 독서와 목적 독서를 결합하거나 학습 목적이 명확한 책으로 독서의 방향을 잡아야 합니다.

고등학생이 되면 국어 수업 시간에 작품이 쏟아집니다. 교과서는 한 작품을 공부하는 것에서 끝나지 않고 끊임없이 다른 작품으로 뻗어나가며 수업할 수 있게 합니다. 국어 교과서에 소설 다섯 편이 있다고 해서 그 작품들만 배운다고 생각하면 안 됩니다. 작품마다 다섯 편 이상의 다른 작품을 연계해서 배웁니다. 교과서를 공부하기 전에 그 작품들을 미리 알고 있어야 수업을 잘 이해할 수 있습니다.

국어 교과서는 어떻게 공부해야 할까요? 교과서에《운수 좋은 날》이 나왔다고 가정해보겠습니다. 수업 시간 이 작품을 다룹니다. 작가에 대해서도 알아야 작품 이해가 수월합니다. 현진건 작가의 다른 작품들을 통해 전체적인 작품 경향을 살펴봅니다. 제목도 특별하잖아요.《운수 좋은 날》처럼 반어의 의미가 드러나는 다른 작품도 살펴야겠지요. 그뿐인가요?《운수 좋은 날》은 일제 강점기 하층민의 비참한 삶을 다룬 작품이죠. 그 시대를 살피면 작품을 한결 깊이 있게 이해할 수 있습니다. 작품의 배경인 일제 강점기의 비참한 삶을 다룬 다른 작품, 일제 강점기 때 민족을 배신하고 혼자 잘 산 주인공들을 다룬 작품들 등 다양한 방면에서《운수 좋은 날》과 관련한 작품들을 다룹니다. 그리고 선생님은 이 모든 작품을 언급하며 설명하지요.

수업 시간《운수 좋은 날》이외의 작품의 줄거리를 설명하겠지만 자세하지는 않습니다. 해당 작품의 의의를 설명하기 위해 다른 작품을 언급하는 정도입니다. 작품을 모르면 이해하기 힘듭니다. 고등학생은 독서할 시간이 없습니다. 중학생 때 미리 읽어야 합니다. 줄거리라도 알고 있어야 합니다.

사회나 과학 교과서는 어떻게 공부해야 할까요? 사회, 과학 관련 책을 읽으면 도움이 되겠지요. 이런 책을 읽을 때도 교과서 읽기가 선행되어야 합니다. 비문학 책을 읽는 이유는 배경지식을 쌓기 위함도 있지만, 근본적인 이유는 교과서를 잘 읽는 것입니다. 사회, 과학 교과서를 잘 읽으면, 다음 단계로 사회, 과학 교과서 내용과 관련한 비문학 책을 읽혀 배경지식을 키우고, 교과서를 제대로 못 읽는다면 교과서부터 읽어야 합니다.

중학교 2, 3학년 때 배우는 세계사와 국사의 경우, 워낙 내용이 방대해서 공부할 때 아이들이 무척 힘들어합니다. 다른 과목보다 많은 시간을 공들여 꼼꼼하게 공부해야 시험 범위 내의 내용을 공부할 수 있습니다. 시험은 교과서 위주의 공부로 충분하지만, 이해의 폭을 넓히기 위해서는 국내외의 역사를 다루는 다양한 책을 읽어두는 것이 좋습니다.

사회도 다루는 내용이 방대하니 관련 책을 읽어 상식을 쌓습니다. 관련 주제를 다룬 책을 읽으며 상식을 저금하는 거죠. 과학도 교과서에 나오는 용어의 개념을 이해할 수 있게 해주는 책을 읽어 교과서의 개념을 파악하는 것이 좋습니다.

아이가 교과 내용과 관련해서 배경지식도 꽤 있고, 교과서도 잘 읽는다면 다음 단계로 넘어갑니다. 익숙한 내용을 다룬 비문학 책뿐 아니라 배경지식이 거의 없는 영역의 비문학 책을 읽히는 거죠. 배경지식이 없으면 이해하기가 쉽지 않아 수월하게 읽히지 않습니다. 이렇게 한 단계씩 어려운 내용을 다루는 책을 읽으며 사고를 확장합니다. 아이가 공부하면서 읽는 모든 글에 배경지식을 갖고 있기는 힘들거든요. 2022학년도 수능 국어에서 최고난도였다는 기축통화 문제도 문제 자체가 어려웠다기보다는 배경지식의 부재 때문이었다고 봅니다. 평소 다양한 영역의 독서를 했다면 기축통화 문제를 그렇게 어렵게 느끼지 않았을 겁니다.

과목	목적 독서
국어	한국 단편 소설집에 있는 작가의 작품을 찾아서 연계해서 읽기, 비슷한 시대의 작품 찾아서 읽기
역사	세계사, 국사를 다루는 다양한 책 읽기
사회	제 학년 사회 교과서에 나오는 주제와 연계된 책 읽기
과학	과학 개념을 설명하는 책 읽기

목적 독서의 방법

중학생은 단순히 재미있고 즐거운 독서만 추구해서는 안 됩니다. 학습을 목적에 두고, 학습 능력을 키우도록 목적 독서로 전환해주세요. 그동안 쌓은 문해력을 교과력으로 옮겨가는 단계입니다. 교과력을 제대로 높이는 시기이죠.

중학교 1학년부터 2학년이 되기 전까지 1년간 독서의 방향을 바꾸세요. 재미 독서는 유지하되, 그 비율을 서서히 낮추고 목적 독서의 비율을 높이는 거죠. 누적된 독서의 힘으로 교과서 공부도 충분히 잘 따라올 겁니다.

수행평가의 팔 할은
글쓰기

중학교에 다니면 글을 쓸 일이 많습니다. 가만히 앉아 선생님이 수업하는 내용을 듣는 일제식 수업보다, 모둠을 만들어서 의논하고 결과를 산출하는 활동 중심 수업이 많기 때문입니다. 이 활동 결과를 글이나 그림으로 표현한 것이 곧 수행평가 결과입니다.

지필평가도 비슷합니다. 지역에 따라 차이가 있지만, 제가 속한 지역에서는 지필평가 문제도 서술형으로 출제합니다. 답을 쓸 때 문장으로 써야 합니다. 고등학교 평가도 마찬가지입니다. 학교 행사에서도 글쓰기가 빠지지 않습니다. 학교생활에서 글쓰기의 비중이 큽니다.

글 쓰는 일이 이렇게 많은데 아이들은 글 쓰는 것을 너무 싫어합니다. 억지로 글을 쓰라고 하면 꼭 써야 하느냐면서 쓰지 않으려 애씁니다. 이런 모습은 수업 시간에도 마찬가지예요.

수업할 때마다 느끼는 것 중 하나가 아이들이 '필기하지 않는다'라는 것입니다. 아무리 이 부분이 중요하다고 강조해도 스스로 필기하는 아이는 드뭅니다. 아이들에게 직접 "이걸 필기하세요, 여기에 줄 그으세요, 칠판에 필기한 거 쓰세요"라고 시켜야 필기하거나 줄을 긋습니다. 직접 이야기하지 않으면 필기할 생각 없이 멀뚱멀뚱 쳐다보고만 있습니다. 어디에 필기해야 할지 모르는 아이들도 많습니다.

수업 내용을 잘 이해하는 아이들은 교과서에 필기도 하고 밑줄도 긋고, 나름의 방식으로 수업을 집중해서 듣습니다. 공부는 스스로 해야 하는데, 아이들을 보면 공부를 하는 게 아니라 구경을 하는 것 같습니다.

수행평가를 할 때도 마찬가지입니다. 수행평가 비중은 점점 커지고 있습니다. 평가할 때, 지필평가 비중을 줄이거나 지필평가 없이 수행평가만으로 성적을 산출하는 교과도 늘고 있습니다. 어떤 지역에서는 아예 지필평가를 치르지 않고 수행평가만 운영하는 선도 학교도 있다고 합니다.

수행평가는 수업 시간 참여도와 활동을 바탕으로 평가합니다.

수행평가의 형태는 보고형, 발표형 등 다양한 형태를 띠지만, 그 바탕은 글쓰기입니다. 발표하거나 보고서를 쓰더라도 글을 써야 합니다. 수행평가에서 글쓰기 능력은 필수입니다.

근무교의 역사 수행평가를 살펴보겠습니다. 아이들은 2인 1조의 모둠을 만들어 역사 선생님이 제시한 주제 중 하나를 선택하고, 자신의 순서에 따라 발표하는 프로젝트 수업을 했습니다. 발표 자료는 PPT로 만들고, 발표 원고는 선생님에게 제출합니다. 중간중간 발표 내용을 선생님께 확인받으며 주제와 관련한 필수 요소들을 담아 발표 자료를 만듭니다.

PPT 화면에 발표 내용을 모두 담을 수 없습니다. 그렇게 하면 PPT 화면이 너무 복잡해서 가독성이 떨어집니다. PPT에는 핵심 내용만 담아야 그것을 보는 아이들이 이해할 수 있습니다. 그렇다면 무엇을 PPT에 담고, 무엇을 담지 않아야 할까요? 무엇이 중요하고, 무엇이 중요하지 않을까요?

두 사람이 나눠서 발표합니다. 발표할 때는 중요한 부분의 목소리는 조금 더 크게, 천천히 하고, 강조해서 이야기해야 합니다. 아이들은 자신의 발표 부분을 연습합니다. 스스로 읽어보고 크게 말할 부분, 천천히 말할 부분 등을 메모하겠지요. 그래야 매끄럽게 발표할 수 있습니다.

국어 수업 시간도 마찬가지입니다. 저는 두 가지 수행평가를 했는데, 그중 하나가 포트폴리오입니다. 수업 시간 중의 활동을 누적 관찰하는 것인데, 국어 수업 시간 중에 발표하기, 글쓰기, 그림으로 표현하기 등 교과서에 담겨 있는 모든 활동을 충실히 합니다. 특히, 교과서에 글쓰기 활동이 있으면 반드시 직접 쓰게 합니다. 국어 교과서에는 설명문, 논설문, 수필 등 다양한 갈래의 글쓰기 활동이 아주 많습니다. 다양한 갈래의 글을 직접 씀으로써 갈래별 특징을 직접 느끼고 깨닫게 합니다.

'심미적 인식'을 설명하는 단원에서 아이들에게 자신의 경험 중 심미적 인식이 드러났던 일을 떠올리고 그것과 관련한 글을 쓰게 했습니다. 많은 양을 쓰지 못할 것 같아 학습지에 스물한 줄을 제공했는데 아이들이 그것도 힘들다고 해서 계획을 수정해, 열여섯 줄 이상으로 쓰게 했습니다. 이것을 짝과 바꿔서 읽고 짝의 심미적 인식이 드러난 부분을 찾아 그에 공감되는 내용을 쓰고, 글에 대한 감상평까지 쓰는 것이 학습 목표이고 저는 '심미적 인식'이 얼마나 잘 드러났는지 검사했지요. 국어 교과서의 단원마다 이와 유사한 활동들이 있습니다. 갈래나 표현방식은 조금씩 다르지만, 글을 쓰거나 발표하는 활동 자체는 비슷합니다.

역사와 국어를 예로 들었지만 다른 과목도 수행평가 방식은 비슷합니다. 국어는 당연하고, 모든 과목의 수행평가에서 글쓰기가 팔 할입니다. 나머지는 과목의 특성에 따라 조금씩 다르게 변형되

○○ 중학교 3학년   반   번 이름:

1. 자신의 경험이나 생각을 글로 써봅시다.

나는 전번에 할머니를 뵀는데, 할머니가 내 손을 잡아주셨다. 그런데 할머니의 손이
쪼글쪼글 하고 거칠어서 깜짝 놀랐다.
꼭 이 책에서 읽은 고목나무의 껍데기처럼 손이 두껍고 거칠었기 때문이다.
우리 할머니도 이 시의 고목나무처럼 힘들게 살아오신 것 같다.
다음에 할머니를 만나면 할머니에게 어떤 힘든 일이 있었는지 물어봐야겠다.
그리고 그 힘든 일을 어떻게 극복했는지 듣고, 고목나무에 매화꽃이 핀 것처럼, 할머니에게는
어떤 꽃이 폈는지 확인해 보고 싶다. 그리고 할머니만 갖고 있는 그 꽃의 향기도 맡고 싶다.
상처는 고통이다. 하지만 그 상처가 주는 교훈이 있어서 상처를 겪으며 더욱 성장
하게 된다고 한다.
아마 나도 자라면서 상처받는 일이 생길 거고, 할머니의 손처럼 내 손이나
다른 어딘가가 거칠게 되는 일도 생길 것이다. 그래도 절대절대 좌절하지 말고
이 시의 내용을 교훈으로 삼아 멋진 어른이 되고 싶다.
지금까지 나에게 있었던 상처는 (생각나는 것) 6학년 때 친구가 갑자기 나를
오해해서 나한테 화를 냈던 일이다. 그때는 이유도 모르고 당해서 울었지만,
나중에 이야기를 나누면서 오해를 풀었다.   그 문제를
할머니 한테도 이런 상처가 있는지 여쭤보고 어떻게 해결하셨는지도 여쭤봐야
겠다.

2. 친구의 글을 읽고 감상평을 써보세요.

너의 글을 읽으니까 우리 할아버지가 생각났어. 이번 주말에 할아버지를 만나러 가는데
우리 할아버지 손은 어떤지 살펴봐야겠어.
우리 할아버지의 손을 꼭 잡아 드리고 우리 할아버지에게는 어떤 상처가 있었고, 그 상처를
어떻게 치유했는지 여쭤봐야 겠다. 그래서 할아버지에게는 할아버지만의 꽃이 무엇인지 어찌
왔는지 할아버지와 그런 이야기를 나누면 할아버지와 나 사이에도 좋은 추억이 생길 것 같아.
나도 할아버지 처럼 멋지고 훌륭한 어른이 되고 싶어.

'심미적 인식' 관련 글쓰기 활동

어 제시됩니다. 글쓰기를 잘하려면 중심 내용과 보조 내용이 드러나게 쓰되 조리 있게 써야 합니다.

이때 가장 중요한 것은 교과서의 내용을 이해하고, 그것을 나만의 언어로 표현할 수 있는 능력입니다. 교과력이 필요하지요. 단순한 글쓰기 능력을 뽐내기 위한 글이나 발표가 아니라 교과서에서 이야기하는 바를 정확히 파악해 그 목표에 따라 글이 이어져야 하거든요. 그러기 위해서는 글쓰기나 발표를 준비하기 전에 미리 교과서를 꼼꼼히 읽고 그 내용을 파악해야겠지요.

수행평가는 글쓰기가 팔 할, 교과서 이해가 이 할입니다. 교과서를 꼼꼼히 읽고 그에 맞는 글쓰기를 잘 할 수 있도록 해주세요.

고등 교과서 공부의 기술: 내신과 수능 완벽 대비! 교과력 완성하기

고등학교 시기에는 지금껏 쌓아 올린 교과력을 바탕으로 교과서 내용을 확실히 시험 문제로 연결 짓는 훈련이 필요합니다. 고등학교 생활은 모든 것이 시험 성적과 연결되며, 교과서는 이 모든 것의 중심에 위치합니다. 교과서 공부가 결국 시험으로, 성적으로, 수능으로 이어집니다.

10장

내신 관리는
교과서 공부에서 시작된다

고등학교 때도
교과서 위주로 공부해야 하나요?

고등학생 때는 교과력을 꽃피우는 시기입니다. 그런데 고등학생은 공부할 것이 너무 많습니다. 교과서 외에 봐야 할 것도 너무 많지요. 그런데도 교과서 위주로 공부해야 할까요?

제 대답은 '네, 그렇습니다'입니다. 초중고를 통틀어서 고등학교 때 교과서 공부가 가장 중요하다고 해도 무방합니다.

초등학교 때부터 고등학교 때까지 교과서는 아주 중요합니다. 학교 공부의 기본은 교과서입니다. 물론 고등학교에서 수업하거나 시험을 볼 때, 교과서 내용만 다루지 않습니다. 수능 모의고사의 문제를 수업하기도 하고, 모의고사 문제를 수업 시간에 따로 수업하지 않았다고 해도 시험 범위에 넣기도 합니다. 그렇다고 해도 수업 시간 기본 내용은 교과서이고, 시험 문제도 교과서를 중심으로 출제합니다. 교과서를 잘 읽어야겠지요.

누군가 제게 질문했습니다. 아이가 교과서 내용을 암기해서 중학교 시험을 치는데, 시험이라 하면 자신이 아는 내용을 바탕으로 답을 탐구해서 써야 하는 거 아니냐고요.

맞습니다. 사실 그게 올바른 시험이지요. 그런데 아이들의 학습 발달 단계를 살펴야 합니다. 조금씩 다르겠지만 아직 대부분의 아이는 중학교 때까지 메타인지를 활용한 학습이 쉽지 않습니다. 그런 아이들에게 메타인지를 묻는 시험 문제를 출제하면 전교생의 절반 이상이 0점을 받을 거예요.

암기는 반복을 통해 그 내용을 기억하는 것인데, 이 방법은 학습에 매우 유용합니다. 물론 단순 암기는 이해를 수반하지 않기에 지루합니다. 그러나 어떤 과목이든 기억해야 하는 것이 있습니다. 그것들은 암기가 필수지요. 암기가 바탕이 되어야 다음 단계로 나아갈 수 있거든요. 중학교 때는 교과서를 바탕으로 암기하며 공부 방법을 익히는 시기입니다.

고등학교 때는 어떨까요? 고등학교에 입학하는 순간부터 학생부, 내신, 수능을 모두 준비해야 합니다(절대 내신이나 수능 어느 하나만 정해서 공부하면 안 됩니다. 모두 준비해야 합니다. 그 이유는 뒤에

'시험과 직결되는 고등학교 교과서 공부'에서 다시 설명할게요). 공부할 것이 많습니다. 당장 필요한 것만 하려고 해도 시간이 부족합니다. 초, 중학교 때 독서나 체험을 통해 여러 다양한 배경지식을 익히고 이것을 학습에 적용함으로써 교과력의 기초 내공을 쌓았다면, 고등학생은 교과서를 공부하고 교과서 내용과 관련된 배경지식을 찾으며 교과서의 내용을 시험 문제로 연결 짓는 공부가 필요합니다.

교과서를 공부하다가 모르는 개념이 나오면 반드시 숙지해야 합니다. 고등학교에서 사용하는 개념들은 어렵습니다. 이 개념을 모르면 교과 내용을 이해할 수 없습니다. 다행히 초, 중학교 때부터 교과서를 중심으로 공부해왔다면 그 개념들이 낯설지만은 않을 겁니다. 교육과정은 나선형으로 이루어지기 때문에 초, 중학교 때 전혀 배우지 않았던 동떨어진 내용이 갑자기 뚝 떨어지지 않습니다. 완전히 이해하지 못했더라도 다음 학년에 반복되어 나와 그 개념을 다시 익힐 기회가 있습니다. 지금 배우고 있는 그 내용은 처음 보는 것 같지만 언젠가 배운 내용입니다. 그때 개념을 제대로 다져뒀다면 고등학생 때 공부가 훨씬 수월하겠지요.

교과서는 교과 개념이 가득 담긴 보물상자입니다. 공부할 때 교과서를 중심으로 내용을 정리하고 공부해야 합니다. 고등학생이라고 해서 다를 건 없습니다. 고등학교에서 수업할 때도 교과서를 중심으로 수업하고, 평가할 때도 교과서를 중심으로 평가합니다. 개념 공부를 할 때도 교과서에 담긴 설명을 이해해야 합니다.

수능 만점자들이 "교과서를 중심으로 공부했어요"라고 이야기하는 게 거짓말이 아닙니다. 실제로 고등학교에서 근무하는 동안 전교 1등 하는 아이들은 사교육이나 문제집으로 무장한 아이들이 아니었습니다. 학교에서 선생님의 수업을 집중해서 잘 듣고, 교과서가 닳도록 교과서로 공부하던 아이들이었습니다.

고등학생이 되면 초등학교 때나 중학교 때와는 비교할 수 없이 많은 문제집이 쏟아집니다. 서점에 가면 초, 중학교 문제집 시장도 많이 커졌지만, 고등학교의 문제집 시장은 상상을 초월할 만큼 커졌다는 것이 실감 납니다. 그 많은 문제집 사이에서 방향을 잡아 줄 나침반이 필요합니다. 시중의 많은 문제집의 기초는 바로 학교 교과서입니다. 고등학생이 되어서도 여전히 교과서를 중심으로 공부해야 하는 이유가 바로 이 때문입니다.

시험과 직결되는
고등학교 교과서 공부

　고등 공부는 시험과 떼려야 뗄 수 없습니다. 제가 중학교와 고등학교에 근무하면서 느낀 둘의 가장 큰 차이는 시험에 대한 중압감입니다.

　중학교는 절대 평가로 성취도에 따라 등급이 나뉘어 성적이 산출됩니다. 이 성적은 친구의 성적과 상관없이 내가 받은 성적의 성취도입니다. 내가 90점을 받으면 나는 A등급을 받습니다. 등수도 알 수 없습니다. 아이들은 친구와 경쟁하거나 성적이나 등수에 예민하게 반응하지 않습니다.

　고등학교는 다릅니다. 등수가 곧 등급입니다. 상대평가로 등급이 산출됩니다. 내 성적도 중요하지만, 친구의 성적도 중요합니다. 친구의 성적에 따라 내 등급이 달라질 수도 있습니다. 내가 90점을 받았다고 1등급을 받는 것이 아니라 내가 몇 등인지에 따라 등급이 결정됩니다. 점수가 등급을 결정하지 않습니다. 내가 70점을 받았다고 해도 전교에서 성적이 가장 높다면 1등급입니다. 중학교 때와는 등급을 산출하는 방법이 다르지요.

전교생이 100명이라 가정했을 때 전교 4등까지는 1등급이지만 전교 5등이 되면 2등급이 됩니다. 1등급과 2등급은 대학이 바뀔 만큼 큰 차이가 있습니다. 만일 전교 5등인 아이가 있다면 어떻게 해서든 전교 4등이 되고 싶을 겁니다. 반면 전교 4등인 아이가 있다면 절대 전교 5등이 되지 않기 위해 최선을 다할 거고요. 친구의 성적이 내 등급에 영향을 주니 아이들 모두 성적이나 등급에 예민할 수밖에 없습니다.

수업 중 활동도 마찬가지입니다. 수업 중 활동은 수행평가에 반영되기도 하고 학교생활기록부의 과목별 세부능력 및 특기사항(일명 교과 세특)에 관찰 결과로 서술되기도 합니다. 선생님들이 아이의 수업 중 활동을 관찰하고 결과를 서술하는데, 이 교과 세특 내용이 대입에 중요한 요소가 됩니다. 그래서 아이도, 선생님도 교과 세특에 신경을 많이 씁니다.

중학교 성적은 특목고 등 특정 목적의 입시 외에 크게 영향을 미치지 않습니다. 특수 목적 고등학교를 제외하면 자신이 거주하는 지역 근처의, 학생 대부분이 원하는 고등학교에 큰 무리 없이 진학합니다. 그래서 중학교 수업은 시험보다 수업에 아이들이 어떻게 적극적으로 참여하고, 자신을 표현할 수 있을까에 중점을 둡니다.

반면 대입은 전국 학생을 대상으로 합니다. 고등학교 성적은 전국의 아이들과 하는 경쟁이라 범위가 매우 넓지요. 고등학교 성적은 영향을 미치는 범위가 큽니다. 성적을 산출하기 위한 시험이 중요할 수밖에 없습니다. 고등 공부도 당연히 시험과 밀접합니다.

'대학 입시에서 신 중의 신은 내신'이라는 말이 있습니다. 물론 우스갯소리지만 내신 성적이 얼마나 중요한지 알 수 있는 말입니다. 수능 시험으로 대학 입학을 하겠다고 해도 학교 공부를 포기하면 안 됩니다. 아무리 내신과 수능이 분리되어 있다고 해도 결코 수능과 대입을 중심으로 모든 커리큘럼이 운영되는 학교 공부는 무시할 수 없기 때문입니다. 학교 수업 방향이나 내용도 수능을 비롯한 내신 시험과 관련되고, 수업을 듣는 아이들의 수업 시간 태도나 집중도 시험과 관련됩니다. 고등 공부는 시험과 떼어 놓고 생각할 수 없습니다.

수업 시간에 배우는 모든 내용은 지필평가와 연계되고 그 내용은 수능을 향해 있습니다. 선생님들은 수업을 구성할 때 그 내용이 수능에서 어떻게 다뤄지는지를 염두에 둡니다. 매년 수능 시험을 치고 나면 각 과목 선생님들은 직접 그해 수능 문제를 풀면서 문제 경향을 분석합니다. 그 분석 결과를 다음 해 수업에 반영하지요.

시험 문제를 출제할 때도 마찬가지입니다. 고등학교의 내신 시험 문제도 수능형으로 출제합니다. 달달 외워서 풀 수 있는 문제보다 수업 시간 이야기했던 배경지식과 제시된 자료들을 활용해서 문제를 읽고 이해해야 풀 수 있는 문제를 냅니다. 수업을 구성할 때도 이 내용을 어떻게 지필평가 문제로 출제할지 생각해서 수업을 구성합니다.

고등학교에서 수업할 때마다 늘 긴장됐습니다. 내가 반마다 조금이라도 다르게 설명하여 아이들이 잘못 이해하면 어떡하나 불안했거든요. 내 말 한마디가 아이들의 내신 성적과 직결되니까요. 대부분의 선생님이 저랑 같은 마음일 겁니다.

수업을 듣는 아이들도 비슷한 모습입니다. 아이들도 항상 수능이나 지필평가를 염두에 두고 수업을 듣습니다. 공부할 때도 마찬가지입니다. 수업할 때도 아이들이 먼저 묻습니다. "선생님, 이거 시험에 들어가요?"

시험에 안 들어가면 안 하고, 시험에 들어간다고 하면 열심히 할 요량인 거죠. 시험에 들어간다고 하면 부담스러울 정도로 열심히 하지만 시험에 안 들어간다고 하면 수업을 열심히 준비한 선생님이 마음 상할 만큼 수업에 성의가 없습니다.

특히 대입과 직결되는 소위 주요 과목인 국영수의 경우, 아이들은 교사가 부담스러울 정도로 집중해서 듣고 필기합니다. 수행평가 하나를 하더라도 온몸의 촉을 바짝 세우고 있는 것이 보입니다. 성적을 잘 받기 위해 최선을 다하고, 혹여나 자신이 생각했던 결과가 나오지 않으면 무서울 정도로 따지고 듭니다.

고등학교 생활은 시험, 성적과 모든 것이 연결됩니다. 고등학교에서는 선생님도 학생도 모든 것이 시험과 떼려야 뗄 수 없다는 것을 전제하고 있습니다. 고등학교 생활은 숨소리도 시험과 밀접하다는 우스갯소리가 있을 정도입니다.

교과서는 이 모든 것의 중심에 위치합니다. 교과서 공부가 결국 시험으로, 성적으로, 수능으로 이어지는 것이죠. 교과서를 읽는 방법을 미리 익히고 차근차근 준비한다면 고등학교 공부도 문제없을 겁니다.

내신 잘 받는 아이들이
수능도 잘 보는 이유

고등학생 때는 대입과 진로가 명확하게 결정되어 있어야 합니다. 초, 중학교 때는 진로를 정했다고 해도 구체적인 경우는 드뭅니다. 이때 진로를 정했다고 해도 아이가 자라면서 적성이나 흥미가 달라질 수 있기에 그 진로가 그대로 이어지는 경우가 적지요. 초, 중학교 때는 구체적 진로보다 적성을 찾고 적성에 맞는 진로를 탐색하는 로드맵을 세우는 것이 좋습니다.

고등학생 때는 어떤 일을 하고 싶은지 구체적으로 결정하고 그 일을 하려면 어떤 대학의 학과에 가고, 그 학과에 가기 위해서 무엇을 준비해야 하는지 입시 요강과 자신의 성적을 비교하며 구체적인 로드맵을 세워야 합니다. 물론 담임 선생님과 상담하면서 방향을 잡을 수 있지만, 그전에 좀 더 구체적으로 알아보고 계획을 세워 놓으면 담임 선생님과 상세하게 상담할 수 있겠지요.

로드맵을 아이 혼자 세우기는 힘듭니다. 대부분은 적성을 찾고, 적성에 맞는 진로 및 공부 로드맵을 세우지 못합니다. 로드맵을 세우더라도 보완해야 할 부분이 많습니다. 부모님이 곁에서 아이의 적성을 관찰하고, 함께 적성에 맞는 학교를 찾고 로드맵을 세우는 것을 도와야 합니다.

아들을 의대에 보내고 싶었던 지웅이 부모님은 의대 진학에 맞춰 로드맵을 세웠고, 지웅이는 그에 맞춰 공부했습니다. 그런데 지웅이의 고등학교 성적으로는 의대 입학이 힘들었습니다. 지웅이 부모님은 지웅이가 고등학교 3학년이 되자 의대 입학이 힘들 것 같다고 판단하고 약대로 타협했습니다. 아이의 진로를 두고 세운 큰 로드맵에서 성적에 따라 방향만 살짝 바꾼 거지요. 지웅이는 내신에서 다른 과목의 성적은 높은데, 유독 한 과목의 성적이 낮았습니다. 그 과목의 성적 때문에 약대 입학도 쉽지 않아 보였습니다. 수능 대박이 나기를 바랐지만, 수능에서도 비슷한 결과가 나왔습니다. 지웅이 부모님은 좌절하지 않았습니다. 서울, 경기, 강원부터 제주도까지 전국의 모든 약대 입시요강을 훑었습니다. 그리고 (놀랍게도) 전국에서 딱 한 군데, 지웅이가 낮은 성적을 받은 과목을 반영하지 않는 약대를 찾아냈습니다. 이것이 바로 그 '엄마의 정보력'인가 하고 다들 놀랐습니다.

　내신에서 잘하는 과목을 수능에서 못 치는 경우나, 내신에서 못하는 과목을 수능에서 잘 치는 경우는 거의 없습니다. 내신 성적과 수능 성적이 완전히 똑같을 수는 없지만 서로 연계되어 있습니다. 고등학교 공부를 할 때, 내신과 수능 대비를 별개로 보면 안 되는 이유가 이것입니다. 같은 맥락에서 봐야 합니다.

　내신 수업을 한다고 해서 수능과 영 별개의 내용을 수업하지 않습니다. 앞서 이야기한 것처럼 선생님들 역시 수능 문제를 풀고, 수능과 연계해서 수업을 계획하고, 수업합니다. 학교 수업을 할 때도 수능이 바탕에 깔려 있습니다. 그 내용으로 내신 시험을 치니 내신 시험 내용도 수능과 연계됩니다. 내신 시험을 낼 때도 수능형으로 출제합니다. 이 둘을 별개로 보면 고등학교 공부를 제대로 할 수 없습니다. 많은 아이가 내신 시험을 칠 때마다 떨어지는 성적에 실망해서 내신으로 대학을 가는 수시를 버리고 수능으로 대학을 가는 정시로 대입을 준비하겠다고 합니다. 물론 정시의 비율이 확연히 높아지긴 했지만, 정시만 준비해서 대학에 입학하기는 매우 힘듭니다. 혹여 아이가 수시를 버린다고 이야기하면 지금 공부하는 게 힘들다는 뜻이니 힘든 마음을 위로해주고, 내신 공부를 놓지 않도록 격려해주세요.

　어찌 보면 고등학교 3년 공부는 수능을 준비하는 과정입니다.

한 해 한 해 쌓여서 수능을 위한 기초-일반-심화의 3단계 과정을 거치는 셈이지요. '내신 대비를 꼼꼼하게 하는 것이 수능을 준비하는 것'이라는 마음을 가져야 합니다.

11장

고등학교 학년별
학습 포인트

고등학교 1학년: 고등학교 적응하기

중학교가 초등학교와 시스템이 다르듯 고등학교도 중학교 때와 시스템이 다릅니다. 물론 외적으로 크게 달라지는 것은 없습니다. 수업 시간이 5분씩 늘어나고 7교시인 날이 며칠 더 느는 것뿐이거든요. 그런데 고등학교에 입학한 많은 아이가 3, 4월에 고등학교 시스템에 적응하는 것을 힘들어합니다. 아이들은 중학교에 입학했을 때와 비교할 수 없게 힘들어합니다.

왜 그럴까요? 우선 학습량이 급증합니다. 중학생은 초등학생 때보다 공부할 양이 많아진다고 하지만 고등학생이 되면 비교할 수 없을 만큼 많아집니다. 7교시인 날만큼, 5분씩 늘어난 시간만큼 공부량이 늘어나니까요. 모든 과목의 학습량이 중학교 때와 비교하면 세 배 정도 많아진다고 보면 됩니다. 과목이 여덟 개라면 학습량이 스물네 배 이상 많아지는 셈이죠. 주어진 시간은 똑같은데 공부할 양이 늘어나니 바빠질 수밖에 없습니다.

저는 고등학교에서 근무하다 중학교에서 근무하게 되었을 때, 중학교의 적은 학습량에 당황했습니다. '수업 시간에 진도를 이것밖에 안 나간다고?' 하고 여러 번 다시 확인했습니다. 아이들은 저와 반대로 그렇게 적은 양을 공부하다 고등학생이 되면서 늘어난 학습량에 당황스럽겠죠.

중학생들에게 늘 하는 이야기가 있습니다. 중학교에서는 시 하나로 서너 시간 수업하는데, 고등학교 1학년은 한 시간에 시 한 편, 고등학교 2학년은 한 시간에 시 두 편, 고등학교 3학년은 한 시간에 시 세 편을 수업한다고요. 아이들은 이 시 하나를 공부하는 것도 힘든데 그렇게 많이 공부한다는 이야기를 들으면 경악합니다. 모든 과목이 마찬가지입니다. 공부해야 할 양이 얼마나 늘어나는지 짐작되나요?

수업 방식도 변화합니다. 중학교 수업은 학생 모둠 활동이 중심입니다. 모둠 활동을 하면 발표 태도나 협동심 등의 정의적인 면에 초점이 맞추어집니다. 그런데 고등학교는 학습량이 늘어나서 모든 수업을 모둠 활동으로 운영할 수 없습니다. 강의식(일제식) 수업은 많은 양의 지식을 빠르게 전달할 수 있습니다. 많은 양을 학습하려면 강의식 수업이 훨씬 효과적이죠. 모든 수업을 강의식으로 하지는 않지만 많은 수업이 그렇게 진행됩니다.

그런데 중학교에서 갓 올라온 아이들은 아직 이 시스템에 적응하지 못했습니다. 이 아이들에게는 수업 시간이 버겁습니다. 특히 마지막 5분은 대부분 집중하지 못합니다. 중학교 45분 수업 체제에 익숙해서인지 마지막 5분을 힘겨워합니다. 많은 아이가 마지막 5분 동안 머리를 끄덕거리며 좁니다. 아이들을 재우지 않으려고 별수를 다 썼지만, 아이들은 늘 힘들어했습니다. 졸려서 도저히 견딜 수가 없다고 하더군요. 다행히 4월 중순이 되면 대부분 50분 수업에 적응해서 조는 아이들이 거의 없습니다.

평가도 많아지죠. 대표적으로 모의고사가 있습니다. 첫 모의고사는 3월 말에 보는데 중학교 범위입니다. 고등학교 범위가 포함되지 않아 문제 자체는 어렵지 않을 겁니다. 그래도 아이들은 처음 처보는 시험 유형을 쉽게 느끼지 않습니다.

이 모의고사는 의미가 큽니다. 고등학생이 되어서 치는 첫 시험이기 때문입니다. 물론 고3 때까지 약간의 변동은 있지만 대체로 이 성적이 고등학교 내내 비슷하게 유지된다고 보면 됩니다. 이 시험에서 중학교 때 보지 못했던 성적을 받는 아이들이 많습니다.

다음으로 1차 지필평가를 칩니다. 중학교 때, 공부를 좀 한다고 했던 아이들이 우수수 무너집니다. 모의고사로 어느 정도 면역이 되었다고 하지만 내신 시험은 체감 정도가 완전히 다릅니다. 고등학교 내신은 등수로 등급을 내야 하므로 문제가 훨씬 세심합니다.

성적이나 등수가 떨어지는 아이가 많습니다. 안타깝게 이 등수는 3년간 거의 변하지 않습니다. 많은 아이가 시험을 칠 때마다 "선생님, 이제는 더 떨어질 성적이 없어요. 성적 올릴 거예요"라고 이야기합니다. 그런데 다음 시험을 보고 나면 두 눈을 동그랗게 뜨고는 "그 성적에서 더 떨어질 성적이 있더라고요. 더 떨어졌어요. 어떻게 그럴 수 있죠?"라고 합니다.

중학교 때 A등급을 받았던 아이라고 해도 고등학교에서 1등급을 받지 못합니다. 학교마다 차이가 있지만 대체로 중학교에서 90점 이상 받는 비율은 20~30% 정도입니다. 그런데 고등학교에서 1등급은 4%, 2등급은 7%(누적 11%), 3등급은 12%(누적 23%)의 아이들이 받습니다.

즉, 중학교 때 A등급을 받았던 아이가 1등급에서 3등급으로 흩어집니다. 중학교 때 A등급을 받았다고 해도 고등학교에서 1등급을 받기 매우 힘듭니다.

은경이는 중학교에서 늘 전교 1등을 도맡아 했던 아이입니다. 그런데 고등학교 3년간 평균 등급이 3등급이었습니다. 늘 보기 안쓰러울 정도로 최선을 다했지만 만족할 만큼 성적을 올리지 못했습니다. 아무리 열심히 해도 성적이 오르지 않아 저도 애가 탔습니다. 열심히 공부하는데 성적이 오르지 않는다며 씁쓸하게 웃던 은경이의 표정이 아직도 선명합니다.

자신이 최선을 다하는 만큼 그 위의 등수를 받는 아이들도 최선을 다합니다. 내가 시험을 잘 보면 위의 등수를 받는 아이들도 시험을 잘 봅니다. 그러니 성적을 올리기 힘듭니다. 고등학교 성적은 나만 잘해서 받는 성적이 아니라 내가 다른 아이보다 더 잘해야 받는 성적이니까요.

물론 이렇게 적응하지 못한 아이만 있는 건 아닙니다. 은경이와 같은 반인 기은이는 중학교 때, 반에서 5등 정도였다며 자신은 공부를 못한다고 했습니다. 그런 기은이는 처음에는 반에서 5등, 그 뒤 반에서 2등 정도를 하다가 전교 5등으로 졸업했습니다. 중학교 때 성적이 중요한 것이 아니라 누가 고등학교 체제에 빨리 잘 적응했냐 하는 차이인 거죠.

중학교 때 내신 대비는 '벼락치기'로 준비가 가능합니다. 암기를 잘하면 적당히 성적을 유지할 수 있습니다. 그러나 고등학교 시험은 벼락치기가 힘듭니다. 학습 범위도 넓고 문제 유형도 암기만으로 해결할 수 없게 출제되기 때문입니다. 특히 내신 등급의 고른 분포를 위해 까다로운 문제가 반드시 출제됩니다. 시험 범위도 광범위해서 시험 대비에 많은 시간과 노력이 필요합니다.

1학년 때부터 '나는 수시다, 정시다'라고 결정할 것이 아니라 교과, 비교과, 수능 모든 것을 균형 맞춰 준비해야 합니다. 교과는 수시의 각 전형에서 절대적인 영향을 자랑하며 비교과는 학생부

종합전형에서 견인 역할을 합니다. 수능도 소홀해서는 안 됩니다. 이 세 가지의 균형을 이루며 시간 관리를 하는 과정이 고등학교에 적응하는 과정이라 볼 수 있습니다.

교과	비교과	수능
1차 지필평가 2차 지필평가 수행평가	수상실적(교내상) 교내 행사 참여 봉사 활동 독서 활동 동아리 활동 임원 활동	논리력 추론력 응용력 암기력

교과, 비교과, 수능의 평가 항목

고등학교 2학년:
선택과목 결정하기

　고등학교 1학년까지 공통과목으로 균형 잡힌 학습과 활동으로 공부했다면 고등학교 2학년과 3학년은 자신의 진로를 고려해 과목을 선택해서 배웁니다. 모두 함께 배웠던 공통과목 중 심화해서 배울 과목을 고등학교 2, 3학년에서 배우는 겁니다.

　선택과목을 선택하기 전, 몇 가지 고민이 필요합니다.

　　1. 내가 생각하는 나의 직업, 진로는?

　　2. 나의 진로에 맞춰 진학하려는 대학과 학과는?

　　3. 대학과 학과를 고려했을 때, 수능에서 선택해야 할 과목은?

4. 진학하려는 대학의 인재상, 요구하는 교과목, 대학에서 배우는 과목과 이와 관련하여 고등학교에서 개설한 과목은?

이 질문에 맞는 과목을 선택해야 합니다. 과거에는 문과, 이과만 선택하고, 그 이후에는 각 선택에 맞게 학교에서 정해 놓은 과목을 들어야 했습니다. 과목은 선택할 수 없었고, 선택의 폭이 크지 않았습니다. 그러나 지금은 아이들에게 자신이 원하는 과목을 들을 수 있는 과목 선택권을 줍니다. 선택과목은 일반 선택과목과 진로 선택과목 중에서 선택합니다. 일반선택과목 중 기초과목은 학교마다 다소 과목의 차이는 있지만 기본으로 들을 수 있도록 설정합니다.

일반 교과는 A, B, C, D, E의 5단계로 평가하고, 석차 등급도 산출됩니다. 진로 교과는 A, B, C의 3단계 평가를 하고 석차 등급이 산출되지 않습니다. 일반 선택과목은 내신 등급이 나오고, 진로 선택과목은 내신 등급이 안 나온다고 보면 됩니다. 진로 선택과목에서 세 과목 이상을 필수적으로 이수해야 하는데, 너무 많은 교과를 진로 선택과목으로 선택하면 학업을 대충했다는 인상을 줄 수 있으므로 선택과목 간의 균형을 맞추어야 합니다.

이외에도 과목을 선택할 때 고려할 것이 많습니다. 그 과목 수업을 듣는 학생 수가 적으면 내신 등급에서 불리합니다. 그 수업을 듣는 학생의 수가 많을수록 1등급을 받을 수 있는 인원이 많아지기 때문입니다.

100명의 4%는 4명이지만 300명의 4%는 12명입니다. 만일 100명의 학생 중 5명이 100점이라면 그 과목에서 1등급 없이 모두 2등급이 됩니다. 그 과목 수업을 듣는 학생 수가 적으면 불리한 면이 많습니다.

그러면 아이들이 많이 듣는 과목을 선택하면 좋겠지요? 미리 알 수 있다면 좋겠지만 안타깝게도 선생님들도 아이들이 어느 과목을 많이 들을지는 선택과목의 수합이 끝나야 확인 가능합니다. 물론 학년이 올라가기 전 심화 과목을 변경할 수도 있지만 수강하는 학생 수를 고려해서 반 편성도 이루어지고, 다른 고려해야 할 것이 많아 쉽지 않습니다. 그러니 꼼꼼히 보고, 진로와 성향을 고려해 아이와 의논해서 결정해야 합니다.

만일 선택한 과목의 수강 인원이 13명 이하면 등급 표시 없이 원점수, 평균, 표준 편차만 제공되고 1등급이 없습니다. 그렇다고 아이의 적성에 맞지 않는데 다른 아이들이 많이 듣는다고 그 과목을 무조건 선택하는 것도 좋은 방법은 아닙니다.

도대체 어쩌라는 거냐 싶죠? 과목 선택에 정답은 없습니다. 아이마다 다른 선택을 해야 합니다. 아이의 진로에 맞춘 과목을 선택해야 합니다.

대입에서도 희망 학과와 관련된 과목을 들은 아이가 더 유리합니다. 대학에서 수업을 들을 때 그 과목에 대한 기초가 있어야 학교 수업을 이해할 수 있습니다.

간호학과의 인기가 높아지면서 많은 아이가 간호학과에 진학하는데, 대학 수업을 이해하기 어려워 대학생이 되어서 고등학교 과목인 생물2를 공부한다는 이야기가 간간이 들립니다. 고등학교 때 이 수업을 듣고 공부했다면 대학에서 고등학교 과목을 다시 공부하지 않아도 되었겠지요.

학교에서 듣는 선택과목과, 수능 시험을 볼 때 선택과목은 반드시 일치하지 않아도 됩니다. 그래도 학교에서 수업을 듣는 과목을 선택하면 더 효율적으로 수능을 준비할 수 있습니다.

심화 과목을 선택할 때, 고민이 되어서 여기저기 많이 질문합니다. 그런데 여러 사람에게 질문할수록 더 헷갈립니다. 관점에 따라 완전히 다른 조언을 할 수 있거든요. 한 사람에게 조언을 들어야 한다면 부모님이 좋습니다. 아이에 대해 가장 잘 아는 어른은 부모님이니, 아이와 부모님이 함께 전략을 세워야 합니다.

서울대를 비롯한 몇몇 대학 입학처 사이트에 게시한 '선택과목 가이드', 서울시 교육청의 '선택과목안내서' 등의 자료를 참고하세요. 선택과목 고민을 조금 덜 수 있을 겁니다. 여러 자료를 참고하며 아이에게 맞는 계열과 관련된 과목을 선택해야 합니다.

다음 표는 에듀넷 티 클리어를 참고, 변형했습니다. 과목 선택에 관한 것은 여러 자료를 비교해봐도 100% 일치하는 자료가 없었습니다. 과목을 선택할 때 절대적인 정답은 없다는 뜻이겠죠. 빠르면 1학년 1학기 때부터 선택과목 조사가 이뤄지니 그 전에 틈틈이 진로에 대해 고민하고 전략을 세우세요.

구분	교과 영역	교과 (군)	공통 과목 (1학년)	선택과목(2~3학년)	
				일반선택	진로선택
보통 교과	기초	국어	국어	화법과 작문, 독서, 언어와 매체, 문학	실용 국어, 심화 국어, 고전 읽기
		수학	수학	수학Ⅰ, 수학Ⅱ, 미적분, 확률과 통계	실용 수학, 기하, 경제 수학, 수학 과제 탐구
		체육 · 예술	영어	영어회화, 영어Ⅰ, 영어 독해와 작문, 영어Ⅱ	실용 영어, 영어권 문화, 진로 영어, 영미 문학 읽기
		생활	한국사		
	탐구	사회 (역사/ 도덕 포함)	통합 사회	한국 지리, 세계 지리, 세계사, 동아시아사, 경제, 정치와 법, 사회·문화, 생활과 윤리, 윤리와 사상	여행지리, 사회문제 탐구, 고전과 윤리
		과학	통합 과학	물리학Ⅰ, 화학Ⅰ, 생명 과학Ⅰ, 지구과학Ⅰ	물리학Ⅱ, 화학Ⅱ, 생명 과학Ⅱ, 지구과학Ⅱ, 과학사, 생활과 과학, 융합 과학
	체육 예술	체육		체육, 운동과 건강	스포츠 생활, 체육 탐구
		예술 (음악/ 미술)		음악, 미술, 연극	음악 연주, 음악 감상과 비평

생활 교양	기술· 가정		기술·가정, 정보	미술창작, 미술 감상과 비평
	제2외 국어		독일어 I, 프랑스어 I, 스페인어 I, 중국어 I, 일본어 I, 러시아어 I, 아랍어 I, 베트남어 I	농업 생명과학, 공학 일반, 창의 경영, 해양 문화와 기술, 가정과학, 지식 재산 일반
	한문		한문 I	독일어 II, 프랑스어 II, 스페인어 II, 중국어 II, 일본어 II, 러시아어 II, 아랍어 II, 베트남어 II
	교양		철학, 논리학, 심리학, 교육학, 종교학, 진로와 직업, 보건, 환경, 실용 경제, 논술	한문 II
전문교과 I	과학 계열	심화 수학 I, 심화 수학 II, 고급수학 I, 고급수학 II, 고급물리학, 고급화학, 고급생명과학, 고급지구과학, 물리학실험, 화학실험, 생명과학실험, 지구과학실험, 정보과학, 융합과학 탐구, 과학과제연구, 생태와 환경		
	체육 계열	스포츠 개론, 체육과 진로 탐구, 체육 지도법, 육상 운동, 체조 운동, 수상 운동, 개인·대인 운동 등		
	예술 계열	음악이론, 음악사, 시창·청음, 음악 전공 실기, 합창, 합주, 공연 실습, 미술이론, 미술사, 드로잉 등		
	외국어 계열	심화 영어 회화 I, 심화 영어 회화 II, 심화 영어 I. 심화 영어 II, 심화 영어 독해 I, 전공 기초 독일어 등		
	국제 계열	국제정치, 국제경제, 국제법, 지역 이해, 한국 사회의 이해, 비교문화, 세계 문제와 미래 사회, 국제관계와 국제기구, 현대세계의 변화, 사회 탐구 방법, 사회과제연구		

전문교과 II : 국가직무능력표준(NCS)과 연계된 17개 교과(군) 47개 기준학과에 따라 전문 공통과목, 기초과목, 실무과목으로 구분(특성화 고등학교와 산업 수요 맞춤형 고등학교 대상 교과)정의

개정 교육과정에 따른 고등학교 교과목 편제

계열	학과	일반선택	진로선택
인문 사회 계열	상경계	광고, 홍보, 언론, 방송매체 관련 학과 경영학, 경제, 회계, 부동산 관련 학과	국어와 영어 일반선택 전체, 수학Ⅰ, 수학Ⅱ, 미 적분, 확률과 통계과목, 경제, 정치와 법, 논리학, 논술과목, 사회·문화	[기초] 기하, 경제 수학 [탐구] 사회문제 탐구, 여행지리 [생활·교양] 제2외국어 (선택) [체육·예술] 음악 감상 과 비평, 미술 감상과 비 평 등
	사회 과학	심리학, 사회복 지, 아동학과 등	국어와 수학, 영어 일반 선택 전체, 사회·문화, 생활과 윤리, 윤리와 사 상, 정치와 법, 기술·가 정, 철학, 논리학, 심리 학, 교육학, 보건, 생명과 학Ⅰ, 생활과학	[탐구] 사회 문제 탐구, 고전과 윤리, 과학사, 융 합과학 [생활·교양] 가정과학, 지식 재산 [예술·체육] 음악 감상 과 비평, 미술 감상과 비 평 등
	법학 행정	법학과, 행정학 과, 정치외교학 과 등	국어와 영어 일반선택 과목 전체, 수학Ⅰ, 수학 Ⅱ, 미적분, 확률과 통계, 세계사, 정치와 법, 사회 문화, 생활과 윤리, 윤리 와 사상, 한문Ⅰ, 철학, 논리학, 심리학, 논술, 중 국어Ⅰ	[기초] 기하, 경제 수학 [탐구] 사회문제 탐구, 여행지리 [생활·교양] 제2외국어 (선택) [체육·예술] 음악 감상 과 비평, 미술 감상과 비 평 등
	문학, 언어학	국어국문과, 동 양어과, 서양어 과, 영어영문학 과 등	국어와 영어 일반선택 과목 전체, 세계지리, 세 계사, 동아시아사, 사 회·문화, 생활과 윤리, 윤리와 사상, 음악, 미 술, 연극, 제2외국어, 한 문Ⅰ, 철학, 논리학, 심리 학, 종교학, 논술, 한문Ⅱ 등	[기초] 고전 읽기, 심화 국어, 영미 문학 읽기 [탐구] 사회문제 탐구, 고전과 윤리, 과학사 [체육·예술] 음악 감상 과 비평, 미술 감상과 비 평 등 [생활·교양] 제2외국어 (선택), 한문Ⅱ 등

	인문학	역사, 고고학, 철학, 윤리	화법과 작문, 독서, 문학, 고전 읽기, 영어 전체 과목, 역사학, 한국 지리, 세계 지리, 세계사, 동아시아사, 정치와 법, 사회 문화, 생활과 윤리, 윤리와 사상, 다양한 제2외국어, 한문Ⅰ, 철학, 종교학, 논리학, 논술학	[기초] 고전 읽기, 심화 국어, 영미 문학 읽기 [탐구] 사회문제 탐구, 고전과 윤리, 생활과 과학 [생활·교양] 제2외국어 (선택), 한문Ⅱ 등
자연 과학 계열	농림 · 수산계	농업생명과학, 산림학, 수산학 등	물리학Ⅰ, 화학Ⅰ, 생명과학Ⅰ, 지구과학Ⅰ, 확률과 통계, 환경, 진로와 직업	[탐구] 물리학Ⅱ, 화학Ⅱ, 생명과학Ⅱ, 지구과학Ⅱ [생활 · 교양] 농업 생명과학, 창의 경영 등
	의료 · 보건계	간호학과, 임상병리학과, 약학과 등	심리학, 사회학, 인관관계학, 화학Ⅰ, 사회·문화, 생명과학Ⅰ, 생활과 윤리, 보건, 심리학, 철학, 진로와 직업 등	[탐구] 화학Ⅱ, 생명과학Ⅱ, 융합과학, 생활과 과학 등 [생활·교양] (한의예과의 경우) 한문Ⅱ, 중국어Ⅱ
	생활 과학계	식품영양학과, 의상학과 (의류학과 등)	기술 · 가정, 미술 교과, 세계사, 경제, 화학, 생명과학 , 사회 · 문화, 정치와 법, 확률과 통계	[기초] 실용 수학, 경제수학 [탐구] 사회문제 탐구, 화학Ⅱ, 생명과학Ⅱ, 융합과학, 생활과 과학, 과학사 등 [생활·교양] 가정과학
	자연 과학계	수학, 물리, 천문·지구, 화학, 생명과학, 환경과학과	물리학Ⅰ, 화학Ⅰ, 생명과학Ⅰ, 지구과학Ⅰ, 수학Ⅰ, 수학Ⅱ, 미적분, 확률과 통계, 고급물리학, 과학 과제 연구 등	[기초] 기하, 수학 과제탐구 [탐구] 물리학Ⅱ, 화학Ⅱ, 생명과학Ⅱ, 지구과학Ⅱ, 융합과학, 생활과 과학, 과학사 등

			수학 I, 수학 II, 미적분, 물리학 I, 화학 I, 기술·가정, 물리·고급물리학, 물리학 실험, 정보과학	[기초] 기하, 수학 과제 탐구 [탐구] 물리학 II, 화학 II, 생명과학 II, 지구과학 II, 융합과학, 생활과 과학, 과학사 등 [생활·교양] 공학 일반, 창의 경영, 지식 재산 일반
	건축, 환경	건축학, 건축공학, 토목공학, 환경공학과		
공학 계열	기계 전자 컴퓨터	기계공학, 자동차공학, 조선해양공학, 전산학, 컴퓨터공학, 전자공학, 정보통신공학과	수학 I, 수학 II, 미적분, 확률과 통계, 물리학 I, 화학 I, 생명과학 I, 기술·가정, 정보, 환경, 고급수학 I, 고급물리학, 물리학 실험, 정보과학	[기초] 기하, 수학 과제 탐구, 진로 영어, 실용 영어 등 [탐구] 물리학 II, 화학 II, 융합과학, 생활과 과학, 과학사 등 [생활·교양] 공학 일반, 창의 경영, 지식 재산 일반, 해양 문화와 기술(조선해양공학)
		산업/ 재료공학	수학 I, 수학 II, 미적분, 확률과 통계, 기술·가정, 정보, 사회·문화, 고급수학 I, 고급수학 II, 고급물리학, 물리학 실험, 고급화학, 화학실험, 정보과학 등	[기초] 기하, 수학 과제 탐구 등 [탐구] 물리학 II, 융합과학, 생활과 과학 등 [생활·교양] 공학 일반, 창의 경영, 지식 재산 일반 등
예술 체육 계열		음악, 미술		[기초] 고전 읽기, 실용 수학, 영미 문학 읽기 등 [탐구] 고전과 윤리, 여행지리, 과학사 등 [생활·교양] 가정 과학, 지식 재산 일반

	체육 등	체육, 운동과 건강, 스포츠 생활, 체육 탐구, 경제, 사회 문화, 실용 경제, 경제 수학, 실용 경제, 창의 경영, 지식 재산 일반, 언어와 매체, 확률과 통계, 사회문제 탐구, 생활과 과학 등	[기초] 기하, 수학 과제 탐구, 진로 영어, 실용 영어 등 [탐구] 물리학II, 화학II, 융합과학, 생활과 과학, 과학사 등 [생활·교양] 공학 일반, 창의 경영, 지식 재산 일반, 해양 문화와 기술(조선해양공학)
교육계열	교육계열	국어와 영어 일반선택 전체	인문 및 과학 소양의 기본이 되는 관련 진로 과목
	자유전공	대학에서 집중적으로 공부하려는 분야(인문/사회계, 자연/공학계)의 설정 필요	[기초] 기하, 수학 과제 탐구 등 [탐구] 물리학II, 융합과학, 생활과 과학 등 [생활·교양] 공학 일반, 창의 경영, 지식 재산 일반 등

대학 전공에 따른 선택과목 추천

출처: 에듀넷 티 클리어

고등학교 3학년: 대입 준비하기

고3이라는 이름표를 다는 순간 아이뿐 아니라 가족의 시계는 모두 수능에 맞춰집니다. 학교도 마찬가지입니다. 고3 아이들의 수업 내용이나 방식도 완전히 수능 위주로 전환됩니다. 고3 수업은 내신과 수능을 분리해서 공부하거나 준비할 필요가 없습니다. 내신 공부가 곧 수능 공부이고, 수능 공부가 곧 내신 공부입니다.

고3이 되면 내신 성적을 망쳤다는 생각에 수능에 올인하는 수능파가 많습니다. 꿋꿋하게 내신을 준비하는 내신파도 있습니다. 그러나 어느 한쪽에 치우쳐서 공부해서는 안 됩니다. 고3이라도 수시와 정시 모두 염두에 두고 공부해야 합니다. 이 둘을 구별하는 것은 의미 없습니다. 하루아침에 모든 것이 결정되는 수능에 전부를 걸기에는 위험 부담이 너무 큽니다. 물론 지난 3년의 기록이 만족스럽지만은 않을 겁니다. 고3이라 하더라도 여러 가능성을 모두 열어놓고 공부해야 합니다.

수시 모집 중 학생부종합전형, 일명 학종을 준비하는 아이라면 3학년 1학기를 어떻게 보내는지에 따라 결과가 차이 날 수 있습니다. 3학년을 잘 보내야 합니다. 지금까지 학교생활기록부의 기록을 꼼꼼히 보고 자신의 위치나 상황을 가늠해야 합니다. 학교생활기록부의 내용을 어떻게 자신에게 의미 있는 활동으로 만들 것인지 생각하고 이에 맞추어서 3학년 1학기를 생활해야 합니다.

고3 아이들에게 가장 고비는 5월 같습니다. 성실히 공부하던 아이들도 5월에 빨간 날이 많아지면서 공부에 손 놓는 모습이 보입니다. 아무래도 3학년이라는 압박감에 공부하던 아이들도 열심히 한 만큼 성적이 나오지 않아서 실망하고, 버틸 만큼 만족스럽지 않아 속상한 시기와 아이들의 인내심이 바닥나는 시기가 겹치면서 그런 게 아닐까 싶습니다.

그래도 버텨야 합니다. 3학년 1학기까지라도 버틸 수 있게 격려해주세요. 수시 모집에 필요한 학교생활기록부가 마감되는 때가 3학년 1학기 말입니다. 고3의 경우, 3학년 2학기 성적은 반영되지 않습니다.

수시 모집은 9월 10일경 원서 접수를 받습니다. 재외국인과 외국인 특별전형은 다른 전형에 비해 두 달 이상 날짜가 빠르니 날짜를 잘 살펴야 합니다. 합격자 발표는 수능 시험 이후 12월경 대학별 일정에 따라 순차적으로 발표됩니다. 합격 등록 기간에 등록하면 합격입니다. 대학 중 한 곳이라도 수시에 합격하면 등록 유무와 상관없이 그 해에 다른 대학의 정시 응시가 불가하니 그 점을 유의하세요.

수능은 11월 셋째 주 목요일로 날짜가 고정되어 있습니다. 수능 시험 한 달 뒤 12월 중순에 성적표를 받습니다. 정시 원서 접수는 대학별로 가, 나, 다 세 개의 군으로 나뉘어 진행됩니다. 같은 군의 경우 같은 날짜에, 다른 군은 다른 날짜에 대입이 진행됩니다. 정시 원서 접수는 가, 나, 다 군을 다르게 하여 최대 세 개까지 원서를 쓸 수 있습니다. 다음 해 2월 합격 등록 기간에 등록해야 합격입니다.

고등학교 3학년은 모든 관심이 대입을 향해 있습니다. 수시 모집 성적이 3학년 1학기까지 반영되어 3학년 2학기 교실의 분위기는 뒤숭숭한 경우가 많습니다. 아무리 내신 성적에 반영되지 않는다고 하지만 그래도 학교생활의 마지막이니만큼 마무리를 잘하면 좋겠습니다.

다음 표는 교육부 홈페이지를 참고하여 만든 2023학년도 대입 수시 및 정시 일정입니다. 매년 대입 일정이 비슷하니 참고하세요.

	수시모집		정시모집	
8월	8/31(수)	학생부 성적 마감		
9월	9/13(화) ~ 9/17(토)	수시 원서 접수		
10~ 11월	9/18(일) ~12/14(수) (88일간)	수시 전형 기간	11/17(목)	2023학년도 대학수학능력 시험
			12/9(금)	수능 성적 통지일
12월	~ 12/15(목)	수시 합격자 발표		
	12/16(금) ~19(월)	합격자 등록		
	~12/26(월) 18:00까지	수시 미등록 충원 합격 통보 마감 ※홈페이지 발표는 14시까지, 14~18시는 개별통보만 가능		
	12/27(화)	수시 미등록 충원 등록 마감		
1월			12/29(목) ~1/2(월)	정시 원서 접수
		수시 전형 기간	1/5(목) ~1/12(목)	가군
			1/13(금) ~1/20(금)	나군
			1/25(수) ~2/1(수)	다군

2월				2/6(월)	정시 합격자 발표
				2/7(화)~9(목)	합격자 등록
				~2/16(목) 18:00까지	정시 미등록 충원 합격 통보 마감 ※홈페이지 발표는 14시까지, 14~18시는 개별통보만 가능
				2/17(금)	충원 등록 마감
				2/20(월)~28(화)	추가 모집
				2/28(화)	등록 마감 원서 접수, 전형, 합격자 발표 등록 ※합격 통보 기간: 2/28(화) ※홈페이지 발표는 14시까지, 14~18시는 개별통보만 가능

2023 대입 수시 및 정시 예상 일정표

대한민국 고3이라면 어느 학교에 다니건 대입에서 자유롭지 못한 것 같습니다. 얼마 전 중학생 때 가르쳤던 아이들 두 명이 방문했는데 벌써 고3이 됐더라고요. 한 명은 인문계고, 한 명은 특성화고에 다니는 아이였습니다. 특성화고에 다니는 아이에게 취업 준비를 잘 하고 있냐고 물었더니, 자신은 대입 준비 중이라고 했습니다. 의아해서 특성화고에 다니면서 왜 취업을 준비하지 않고 대입을 준비하냐고 물었습니다. 그 아이 말이 요즘은 특성화고에 다니는 아이들도 대입을 준비하는 경우가 많다고 합니다. 취업을 중심으로 하는 특성화고이지만 과거에 비해 취업을 준비하는 아이보다 대입을 준비하는 아이가 많고, 학교에서도 아이들의 요구에 맞춰 대입 대비를 한다는 말에, 계열과 상관없이 고3은 대입과 뗄 수 없구나 싶었습니다.

지난 12년의 학습을 마무리하는 기간이 고3입니다. 그간 키운 교과력을 최대한으로 발휘하는 때도 고3이겠지요. 이때를 잘 보내서 12년의 마라톤을 멋지게 마무리하면 좋겠습니다.

고등학교 교육의 핵심과 부모 가이드

공부 효율 높여주는
6가지 특급 비결

시험은 어렵습니다. 특히 고등학교 시험은 어렵습니다. 시험을 푸는 아이들뿐 아니라 시험 출제자 입장에서도 중학교 시험 출제 부담과 고등학교 시험 출제 부담은 하늘과 땅 차이입니다. 공부하는 학생들도 마찬가지겠지요. 부담스러운 고등학교 시험을 잘 치기 위해 시험공부를 어떻게 해야 할까요?

시험을 어려워하는 고등학교 학생들을 위한 국어쌤만의 특급 비결을 알려드리겠습니다.

첫째, 당연한 이야기로 교과서를 읽어야 합니다. 교과서의 내용을 이해할 수 있을 때까지 읽고, 어느 정도 이해가 된 것 같다 싶으면 내용을 말로 설명합니다. 제대로 '이해'하면서 공부해야 쉽게 잊지 않습니다. 이해 없는 공부는 금세 망각합니다.

이해한다는 것은 누가 물어도 대답할 수 있는 수준입니다. 공부 잘하는 아이들의 공부 방법 중 하나가 바로 '다른 친구들에게 설명하기'입니다. 공부했던 내용을 설명하다 보면 내가 몰랐던 것을 질문받을 수 있고, 친구를 이해시키기 위해 자신이 먼저 완전히 이해해야 하니까요.

누군가에게 설명할 때는 나만의 언어로 풀어서 말해야 합니다. 막히는 부분이 있으면 다시 교과서를 읽으며 이해해야 합니다. '어?', '무슨 뜻이지?'라는 생각이 들면 이해하지 못했다는 뜻입니다. 설명하다가 막히면 '아, 그렇구나' 할 때까지 공부하고 설명이 막히지 않는 정도가 되면 문제를 풉니다.

둘째, 공부 시간입니다. 고등학생은 혼자 공부해야 합니다. 학원에 다니거나 인강을 듣더라도 혼자 공부하는 시간을 반드시 확보해야 합니다. 수업 듣는 시간은 공부하는 시간이 아닙니다. 수업은 '듣는' 것이지 내가 '공부'하는 것은 아니거든요. 많은 아이가 학교 또는 학원에서 내준 숙제를 하는 시간을 공부 시간이라고 생각합니다. 하지만 엄밀히 말하면 숙제 시간은 공부 시간이라 할 수 없습니다. 스스로 익히는 시간이 아니라 시키는 숙제를 하는 시간이기 때문이죠. 힘들더라도 혼자 공부하는 시간을 꼭 마련해야 합니다.

수업이 끝나고 5분가량을 복습 시간으로 활용하는 것도 좋습니다. 에빙하우스^{Hermann Ebbinghaus}의 망각곡선에 따르면 당일 배운 것은 당일 복습해야 오래 기억할 수 있습니다. 예습보다 중요한 것은 복습입니다.

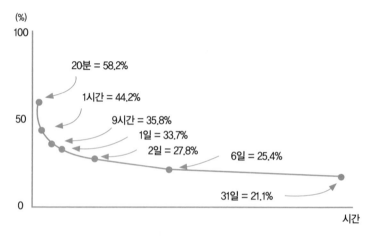

에빙하우스 망각 곡선

평소에는 이해하면서 혼자서 공부하다가 시험 기간이 되면 공부했던 내용을 확인합니다. 꾸준히 혼자서 복습하며 공부했다면 시험 기간이라 해도 공부할 양이 엄청나게 많지는 않을 겁니다. 교과서를 전체적으로 훑으며 부족하다고 판단되는 부분을 중심으로 공부합니다. 이렇게 공부해야 엄청난 고등학교 학습량을 감당하고, 시험 범위가 얼마나 되든 흔들리지 않습니다.

셋째, 공부할 때는 손으로 써야 합니다. 그래야 그 내용이 내 것이 됩니다. 손과 뇌는 연결되어 있습니다. 손을 많이 움직여야 뇌도 움직입니다. 중학생 때는 눈으로 읽기만 해도 성적이 나옵니다. 그러나 고등학교는 다릅니다. 눈으로 읽기만 해서는 절대 성적이 나오지 않습니다. 눈으로 읽는 공부는 중학교 때 끝내야 합니다. 고등학교는 손으로 쓰는 공부가 필요합니다. 시간이 많이 소요되고 귀찮지만, 그래야 기억합니다.

교과서에 정리하는 것이 제일 좋지만 요즘 많은 아이들이 패드에 직접 손으로 써서 노트 정리를 하기도 하더라고요. 그런 방법도 좋고, 고전적인 방법으로 연습장에 교과서를 보면서 노트 정리하는 방법도 좋습니다. 어쨌든 손으로 공부할 내용을 직접 쓰게 해주세요.

편한 방법으로 하는 공부는 편한 방법으로 잊습니다. 불편하게 공부해야 불편하게 잊습니다. 손으로 쓰는 불편한 과정을 거쳐야 기억이 더 오래갑니다. 그래야 뇌도, 몸도 기억합니다. 손으로 써서 교과서의 내용을 구조화, 조직화하면서 이해한 내용을 정리할 수 있습니다.

넷째, 단권화합니다. 교과서를 주교재로, 교과서에 필기 내용, 자습서 내용, 틀렸던 문제와 관련된 내용 등 모든 정보를 다 모읍니다. 손으로 쓰라는 내용과도 연결되지요.

수업 시간에 선생님이 필기했던 내용, 설명했던 내용을 포스트

잇 등을 활용해서 꼼꼼히 정리합니다. 이렇게 공부하면 교과서를 읽을 때도 이해하기 쉽고, 가장 중요한 것과 덜 중요한 것을 가리는 안목이 생깁니다. 교과서의 내용을 내것화하기도 좋습니다. 시험을 볼 때도 훨씬 간편합니다.

다섯째, 내신 성적을 잘 받기 위해 기출 문제를 살펴야 합니다. 기출 문제를 어디서 구하냐고요? 기출 문제를 모아둔 사이트라도 가입해야 할까요?

아니요. 멀리서 찾을 필요 없습니다. 아이들은 이미 훌륭한 기출 문제를 갖고 있습니다. 방금 본 자신의 시험지입니다. 많은 아이가 시험이 끝나면 정답만 확인할 뿐, 기출 문제를 분석하지 않습니다. 그런데 생각해보면 그 선생님이 다음 시험도 출제합니다. 아이 손에 이미 그 출제자의 기출 문제가 있습니다.

이 시험지를 분석해서 출제 경향을 파악하면 다음 시험을 대비할 수 있습니다. 군이 '배혜림 출제 리스트'를 찾거나 기출 문제 사이트에 가입할 필요가 없습니다. 선생님들은 학교를 옮기면서 바뀌는 교과서에 맞춰 출제하고, 또 작년, 재작년 출제했던 문제는 출제할 수 없거든요.

시험지를 분석할 때 너무 꼼꼼하게 살필 필요는 없어요. 이 선생님은 주로 어떤 스타일로 문제를 출제하는지, 어느 부분에서 출제를 많이 하는지만 파악하면 됩니다. 이번에 출제한 방식으로 다음에도 출제할 가능성이 크거든요.

시험을 분석할 때는 이번 시험의 성공 요인 또는 실패 요인 분석도 필요합니다. 시간이 지나면 기억 못할 테니 시험이 끝나자마자 시험지에 간단하게 적는 거예요. 출제 경향 한두 줄, 성공 또는 실패 요인을 한두 줄 쓰고 그것을 바탕으로 다음 시험을 준비합니다. 이것을 바탕으로 평소 학습 계획이나 방학 계획도 세울 수 있습니다.

마지막으로, 선생님들과 좋은 관계를 유지해야 합니다. 물론 그것이 선생님들께 아부하라는 말은 아닙니다. 선생님들이 예뻐하는 아이는 성실하고 노력하며 다른 사람을 배려하는 아이입니다. 지금은 살짝 손해 보는 것처럼 보여도 결국 그 모든 행동은 교과 세특으로 돌아옵니다. 선생님도 사람이다 보니 자기 것만 챙기는 아이보다 노력하고 열심히 하는 아이에게 마음이 더 가는 건 어쩔 수 없습니다.

아이가 학교 수업 시간에 모둠 활동을 하다가 힘들어하거나 혼자 손해 보는 듯한 느낌이 들어 속상해한다면 잘 다독여주세요. 부모님의 태도가 중요합니다. 아이와 같이 선생님 욕을 하고 수업을 비난하면 아이도 수업에 대해 비난하는 태도를 가질 것이고, 속상한 마음을 다독이며 그 속에서 긍정적인 점을 찾으면 아이도 속은 상하지만 긍정적인 태도로 수업에 참여할 겁니다.

특급 비결이라고 하지만 기본적인 것들이죠? 그런데 생각보다 기본을 철저히 지키는 아이들은 많지 않습니다. 공부에서 가장 중요한 건 언제나 기본입니다. 기본이 쌓여서 실력이 됩니다.

한 문제도 놓치지 않는
시험 시간 관리법

고등학교 1학년 3월 모의고사를 치고 나서 아이들이 늘 하는 말이 있습니다.

"선생님, 시간이 모자라서 마지막 페이지는 하나도 못 보고 그냥 찍었어요."

매번 듣는 이야기입니다. 당연합니다. 모의고사 지문 하나는 B4 용지 한 쪽가량을 가득 채우는 분량이니까요. 지금까지 읽어 보지 못한 많은 양의 낯선 긴 글이 80분 동안 쏟아집니다.

이런 시험을 쳐본 적 없는 대부분 아이는 아직 시험 시간을 어떻게 활용하는지 모릅니다. 결국 마지막 지문 한두 개 정도를 읽지 못하지요.

수능을 비롯한 모든 시험은 제한된 시간 안에 제시된 문제를 읽고 풀어야 합니다. 시험 시간을 무한정 주는 경우는 없으며, 시간 안에 문제를 다 풀지 못하면 좋은 성적을 받지 못하죠. 수능은 결국 시간과의 싸움입니다. 주어진 시간에 최대한 정확하게 문제를 풀되, 시간에 쫓겨 답안 작성을 끝내지 못하거나 실수하면 안 됩니다.

수능 공부를 잘하기 위해서는 시간 관리를 잘해야 합니다. 문제를 풀기 전에 한 문제당 푸는 시간을 계산하게 하세요. 제공되는 시간에 문제 수를 나누면 한 문제당 몇 분 안에 풀어야 하는지 계산할 수 있습니다.

국어의 경우, 지문도 문제 풀이 시간에 포함해서 계산해야겠지요. 처음 풀 때는 시간을 체크하지 않고 풀어서, 아이가 한 지문을 푸는 데 시간이 얼마나 소요되는지 확인합니다.

타이머로 확인하고, 한 지문당 몇 분 걸리는지 아이와 함께 계산해보세요. 대체로 한 지문당 5분 내외의 시간이 필요합니다. 아이가 문제 푸는 시간을 계산하면 어느 정도로 빨리 푸는 편인지, 늦게 푸는 편인지 확인할 수 있습니다.

2학년 때는 계산된 시간 안에 풀도록 연습합니다. 수능에서는 답지에 마킹하는 시간도 필요하니 점차 시간을 줄여야겠지요. 이렇게 꾸준히 연습해야 수능에서 시간을 여유 있게 다룰 수 있습니다. 글 구조화, 핵심 내용 찾기도 시간 내에 해야 할 것들입니다.

그럼 각 지문을 어떻게 공부해야 시간을 단축할 수 있을까요? 비문학 지문을 읽을 때 처음에는 꼼꼼하게 읽는 훈련을 해야 합니다. 시간이 오래 걸린다 해도 꼼꼼하게 읽게 지도해주세요. 지문을 읽는 시간이 점점 단축될 겁니다. 먼저 문단을 나누며 읽습니다. 그런 뒤, 글의 구조를 파악하고 한 문장씩 읽으면서 그 문장의 키워드를 찾아 동그라미 표시를 합니다. 특히 반복되는 키워드는 반드시 문제로 나오니 주의합니다.

지문 분석이 끝나면 문제를 읽습니다. 문제를 읽는다는 건 읽어만 보라는 뜻이 아니라 선택지의 답을 보고 뭘 읽고 찾으라는 건지를 파악하라는 뜻입니다. 선택지를 보지 않고 문제만 읽고 지문을 읽은 후, 다시 선택지를 읽으면 시간 싸움에서 집니다. 최대한 짧은 시간 내에 문제를 푸는 훈련이 필요합니다.

교과력이 있는 아이들은 같은 글을 읽어도 이해가 훨씬 빨라, 문제 푸는 데 적은 시간이 소요됩니다. 이 비문학 지문에 대해 배경지식이 있으면 이해가 훨씬 수월합니다. 그래서 비문학 책을 읽으라고 강조하는 거고요.

문학도 마찬가지지만 비문학 문제를 풀 때, 절대 주관적인 감정을 넣어서는 안 됩니다. 이과형 아이가 비문학 문제를 잘 푼다고 하는 이유가 이것 때문입니다. 객관적으로 문제와 지문을 보려고 노력해야 합니다. 내 의견과 무관하게 국어 지문 속에 있는 문제의 답을 찾아야 합니다. 지문 속 숨은 어휘를 찾는 것이 문제 풀이의 핵심입니다. 그동안 갈고 닦은 교과력이 빛을 발하는 순간입니다.

대체로 비문학 제재에서는 전체 내용을 묻는 문제, 문단이나 문장 구조를 묻는 문제, 단어 문제, 적용 문제, 어휘 문제 등으로 구성되어 있습니다. 문제를 읽으며 풀 수 있는 문제는 다 풀어 둡니다.

의외로 어휘력 문제를 어려워하는 아이들이 많습니다. 중학교 때까지 어휘를 탄탄히 다져놓아야 하는 이유가 여기 있습니다. 중학교 때까지 독서를 놓지 않게 해야 합니다.

다시 지문을 읽습니다. 이번에는 선택지에서 파악하라고 했던 것을 꼼꼼하게 파악하며 읽습니다. 선택지를 파악해두었기 때문에 읽으며 바로 전체 내용을 묻거나 문단이나 문장 구조를 묻는 문제를 풀 수 있습니다.

지문을 다시 읽을 때는 전체 내용과 문단이나 문장 구조를 묻는 문제가 다 풀려 있어야 합니다. 적용 문제 등은 다시 문제와 지문을 분석하면서 풉니다.

문제를 풀 때 처음에는 문제 하나에 2~3분 정도의 시간이 소요되도록 풉니다. 독해가 숙련되면 시간을 점차 단축해 문제당 1~2분 정도로 연습합니다. 이때 내가 푼 문제는 다 맞히도록 집중해서 풀어야 합니다.

문학 공부도 해야 합니다. 문학을 배우기 위해 장르별 특징뿐 아니라 시대상, 사회상과 연관 지어서 공부해야 합니다.

문학은 공부해야 하는 양이 방대합니다. 만일 교과서에 〈찬기 파랑가〉가 나왔다면 선생님이 〈찬기파랑가〉를 설명하고 향가에 대해 설명합니다. 〈서동요〉, 〈헌화가〉, 〈제망매가〉 등 다른 향가 작품들도 언급합니다.

문학 작품은 작품 수가 워낙 많아 수업 시간 다 다룰 수 없으니 선생님이 제목만 언급하는 작품이라도 반드시 스스로 공부해야 합니다. 특히 고전 시가는 현전하는 작품 수가 많지 않아 모두 중 요합니다. 중학교 2학년에 현대 소설, 3학년에 고전 소설을 읽히 라는 이유가 이것입니다.

문학 작품에서 쓰이는 개념들도 알아야 합니다. 기본 개념에 대한 암기가 필수입니다. 문학 개념을 바탕으로 작품을 해석하고 분석하고 문제를 풀어야 합니다. 문학 개념은 중학교 때 배우지만 중3 겨울 방학 때 따로 한 번 더 정리하는 것이 좋습니다.

문학 문제를 풀 때 '보기'가 있다면 무조건 '보기'를 먼저 읽습 니다. '보기'의 방향에 맞춰서 문학 작품을 읽어야 하거든요. 문학 문제는 내 감상을 묻는 문제가 아닙니다. 국어 시험의 답은 지문 이나 '보기'에 반드시 근거가 있습니다. 지문이나 '보기'에서 문학 문제의 근거를 찾는다고 생각하고 문제를 풀어야 합니다.

만일 어렵거나 애매한 문제가 있다면 별도로 표시하고 마지막에 풀면 됩니다. 그 문제에 낑낑대고 있으면 문제를 끝까지 풀지 못합니다. 이렇게 끝까지 다 풀었으면 처음부터 읽으면서 아까 표시했던 문제를 다시 풉니다.

수능 종료 10분 전 안내 방송이 나오면 하던 것을 멈추고 답안지 마킹을 시작해야 합니다. 아직 문제를 다 풀지 못했다고 해도 무조건 답안지 마킹을 시작해야 합니다. 시간에 쫓겨 마킹 실수를 할 수 있기 때문이지요.

수능에서 시간이 부족하지 않도록 하는 가장 좋은 방법은 문제를 읽어내는 능력을 키우는 겁니다. 이 능력은 단기간에 생기는 능력이 아닙니다. 고등학교 3년간 수업 시간에 문제를 읽는 방법을 배울 겁니다.

문제를 유독 잘 읽어내는 아이들이 있는데, 그 아이들을 살펴보면 초등 때부터 꾸준히 교과서로 공부해 온 아이들입니다. 고등학생이 되어서 문제 읽는 능력을 키울 수는 있지만 초등학생 때부터 공부해 온 아이들과 같이 공부해내려면 그만큼의 많은 노력이 필요합니다. 수능 공부도 결국 교과서 공부와 이어진다는 걸 명심해야 합니다.

논술
대비하기

대입을 준비하려면 논술을 당연히 해야 하는 것 아닌가 생각하는 경우가 많습니다. 그러나 모든 대학에 논술 시험이 있는 것은 아닙니다. 대학마다 다양한 대입 전형이 있고, 그중 한 가지가 논술입니다. 논술 전형은 여러 대입 전형 중 하나입니다. 논술 전형의 유불리를 따져야 합니다. 모든 학생이 논술 전형으로 대학에 가는 것은 아니지만 대입을 위한 한 가지 방법은 됩니다. 대입으로 가는 길이 하나 더 생기니 꽤 매력적이지요. 논술 준비를 하면 각종 글쓰기 수행평가에도 도움이 되고요.

논술 전형이라고 해도 학교 생활 기록부가 전혀 반영되지 않는 건 아닙니다. 학교별로 학교 생활 기록부의 반영 비율이 다르니 반드시 가고자 하는 학교는 어떤지 미리 살펴야 합니다. 학교별로 수능 최저 기준도 완화되거나 강화되는 등 변화가 많이 있으니 매년 반드시 아이와 함께 희망하는 대학의 당해 입시 요강을 봐야 합니다.

정현이는 미술 전공을 희망하는 아이였습니다. 당시 대부분 대학에서 미술을 전공하면 수능에서 수학을 반영하지 않았습니다. 수능을 응시할 때 아이들은 자신이 원하는 과목만 선택할 수 있습니다. 정현이는 당연히 자신이 가고자 하는 대학 미술과에서 수학을 반영하지 않았기에, 수학 미응시로 수능 응시 원서를 제출했습니다.

담임 선생님은 정현이에게 입시 요강을 살펴봤느냐고, 다른 대학으로 생각이 바뀔 수도 있으니 수학도 응시하는 게 어떻겠느냐고 했습니다. 정현이는 자기 인생에 수학은 없다고 하며 그대로 제출했습니다. 결과는 수능 결과를 보기도 전에 탈락이었습니다.

수능 결과도 안 나왔는데 어떻게 탈락인 줄 알았냐고요? 수능을 보고, 수능 최저 기준을 찾는다고 홈페이지에 들어갔는데, 작년까지는 수학을 반영하지 않던 그 학교에서 그 해부터는 수학을 반영하는 것으로 바뀌었다고 합니다. 수학을 응시조차 하지 않은 정현이는 입시 조건을 갖추지 못했습니다. 결국 자신이 희망했던 대학에서 탈락하고 재수를 했다고 합니다. 수능 성적은 충분했는데 그해 입시 요강을 소홀히 봤기 때문입니다.

물론 담임 선생님이 입시를 가이드할 수는 있습니다. 하지만 학급당 아이들의 수를 생각하면 수시 최소 6군데×35명=210곳 정도가 되는데, 그 모든 대학 입시 요강을 다 꿰고 있을 수는 없습니다. 게다가 대학 원서를 접수할 때, 아이가 직접 원서 접수 사이트에 로그인해서 등록합니다. 본인이 먼저, 가고자 하는 대학의 당해 입시 요강을 뽑아 꼼꼼히 보고 챙겨야 합니다.

논술 전형도 마찬가지입니다. 논술 전형은 최초 경쟁률과 최종 경쟁률이 열 배 이상 차이 나는 경우가 많은데, 기준이 명확하게 드러나지 않아 로또라 할 만합니다. 논술이라는 로또에 당첨되기 위해 많은 아이가 운을 걸지만 의외로 수능 최저를 맞추는 아이들이 적거든요. 논술 전형은 다른 전형에 비해 성적도 낮은 편입니다. 도전할 만하지요. 그러니 아이의 대입에서 논술 전형도 염두에 두고 있어야 합니다.

수능을 준비하는 것만으로도 시간이 부족한 고3이 어떻게 될지 모르는 논술에 많은 시간을 투자하기는 어렵습니다. 실제 합격생도 현역보다는 N수생이 더 많은 편이라고 합니다.

그러면 미리 준비해두면 유리하지 않을까요? 아니요. 그렇지 않습니다. 논술 전형을 위해 미리 달릴 필요는 없습니다. 초, 중학생 때는 배경지식을 쌓고 바탕을 마련하면 됩니다. 논술을 대비하기 위한 안목을 넓힌다는 생각으로 여러 영역의 독서를 할 수 있도록 해주면 됩니다. 특히 교과서에는 과목과 관련한 다양한 배경지식이 담겨 있습니다. 교과서를 꼼꼼히 읽어야겠죠. 대학 논술이 궁금하면 보내고자 하는 대학의 최근 2년간 기출 문제를 미리 살펴보세요. 고등학교 3학년이 되어서 찾아보면 너무 늦습니다. 아이에게는 해당 학년이 되어서 보여주더라도 2, 3년 전부터 미리 준비해야 합니다.

논술은 글을 씁니다. 독서는 글을 읽습니다. 논술은 독서와 다릅니다. 물론 논술은 다른 글쓰기와도 다릅니다. 주관적 감정은 필요 없습니다. 정해진 틀에 따라 글을 씁니다. 그래서 글을 많이 읽는다고 논술을 잘하는 것도 아닙니다. 그래도 독서가 필요합니다. 독서를 통해 작가들이 쓴 좋은 문장을 많이 읽은 아이들은 논술을 쓸 때도 자신이 읽었던 문장을 활용해서 질 좋은 글을 쓸 수 있기 때문입니다.

계속 써야 잘 씁니다. 논술도 글 쓰는 연습을 많이 하면 유리합니다. 논술은 창작해서 글을 쓰는 것이 아니라 제시된 지문을 보고, 자신의 의견을 분명하게 정해서 '서론 – 본론 – 결론'의 형태를 갖춰서 글을 쓰면 됩니다. 논술을 대비하려고 초등학교 때부터 독서 논술 학원에 보내는 것은 좋은 방법이 아닙니다.

다음의 논술 쓰기를 보고, 일기를 쓸 때 일주일에 한 번 정도 논술 쓰기를 넣어주세요. 주제는 가능한 우리 주변의 것으로 정해야 아이들이 생각할 수 있습니다. 인터넷만 검색해도 환경 오염, 지구 온난화, 급식, 두발 자율화, 청소년의 화장 등 글 쓸 주제가 무궁무진합니다.

1단계 논제 파악하기	- 문제를 받으면 논제 파악 및 개요 짜기 - 논제를 정확하게 파악하고 제시문을 독해한 뒤, 글 전체의 골격을 충분히 구상해서 개요 작성하기 - 요구하는 논제를 정확히 분석하고 파악해야 함 - 초점에서 벗어난 글은 글 자체가 훌륭해도 합격하기 힘듦 - 제시문을 정확하게 읽고 이해한 뒤 제시문에서 제시한 초점에 맞춰 글을 쓰는 것이 중요
2단계 논지 설정 및 논거 마련하기	- 입장을 분명히 정하기 - 하나의 입장을 처음부터 끝까지 고수해야 함 - 논제에 대해 직접적인 논지로 정면 돌파하기 - 나에게 유리한 입장을 고민하지 말고 내 주장을 뒷받침할 적절한 근거, 글 전체가 제대로 구성되어 있는지 확인 - 논술 평가 초점은 입장이 어느 쪽인지가 아니라 주장이 분명하고 논증을 얼마나 잘하는가 하는 것
3단계 개요 짜기	- 개요를 잘 작성해야 글이 엉뚱한 데로 흘러가지 않음 - 처음에는 간단히 화제 단어 중심으로 개요 짜기 - 익숙해지면 문장으로 개요를 짜기(문장으로 구성해야 글쓰기가 수월함) - 주제를 고려해서 문단을 배치하고 분량도 계획해야 함 - 서론과 결론 분량 1 : 본론 분량 3~4 (서론, 결론 1문단, 본론 3~4문단) - 서론 : 도입, 문제 제기하기 　무엇에 관해 쓸 것인지^{What}, 왜 쓰는지^{Why}, 어떻게 구성할 것인지^{How}가 드러나게 쓰기 　처음부터 입장을 분명히 드러내기 - 본론 : 주장이 명확히 드러나야 함 　정해진 분량을 염두에 두고 각 문단이 비슷하게 균형 갖추기 　문제의 요구에 따라 답변을 해서 3~4문단으로 구성 　문단끼리 논리적 비약이나 모순이 없게 구성해야 함 　문단의 분량 균형을 맞춰야 함 - 결론 : 본론의 주장을 정리하고 마무리

| 4단계
글쓰기 | - 개요표를 보며 글쓰기
- 글을 쓰면서 우유부단한 표현이나 '어쨌든', '어차피' 등 접속사 사용에 주의해야 함
- 모든 글은 반드시 하나의 주장을 향해야 함
- 주장을 흐트러뜨리는 글은 삭제하며 다시 읽고 글을 다듬어야 함 |

논술 쓰기의 일반적인 방법

'한 학기 한 권 읽기' 활용하기

　'한 학기 한 권 읽기'는 국어 수업 시간에 책 한 권을 온전히 읽고 생각을 나누고 표현하는 수업을 통해 학생들이 서로 배우고, 독서 습관을 형성하기 위해 도입되었습니다. 초기에는 익숙하지 않았기에 한 학기 한 권 읽기를 왜 해야 하는지, 어떻게 해야 하는지에 대한 연수를 실시하는 등 한 학기 한 권 읽기를 확산시키기 위한 노력이 많았습니다. 이제는 초중고 전체에 한 학기 한 권 읽기가 정착되어 잘 운영되고 있지요.

　한 학기 한 권 읽기는 일본 나다 중학교의 다케시 선생님의 국어 수업에서 시작되었습니다. 나다 중학교는 학력이 좋지 않은 학교라고 합니다. 다케시 선생님은 그 학교에서 《은수저》라는 소설책 한 권으로 3년간 수업을 운영했습니다. 《은수저》는 굉장히 얇고 작은 책입니다. 1년도 수업하지 못할 것 같은데 어떻게 3년 동안 수업했을까요?

다케시 선생님은 아주 적은 분량을 내주고 아이들에게 반드시 읽어오게 했습니다. 양이 적으니 모두 읽어왔지요. 수업 시간에는 문장 하나, 단어 하나까지 샅샅이 톺아보았습니다. 책에 음식을 먹는 장면이 있으면 실제로 그 음식을 만들어서 먹어보기도 했다고 합니다.

다케시 선생님과 3년간 국어를 공부한 많은 학생이 후에 일본을 이끄는 주요 핵심 인물이 되었습니다. 그들에게 성공할 수 있었던 이유를 질문했더니, 다케시 선생님과의 국어 수업 덕분이라고 답했습니다.

국내 교육계에서는 이 수업 방법이 당시 국어 교육법의 여러 문제를 해결할 수 있을 거라 여겨졌습니다. 이전의 국어 수업은 부분으로 발췌된 글을 읽고 학습하는 것이었습니다. 발췌된 글을 읽는 독서는 글의 내용을 온전히 이해하기 힘듭니다. 작가의 의도도, 이야기하고자 하는 것도 파악하기 힘들지요. 한 학기 한 권 읽기가 교육과정에 들어옴으로써 아이들은 온전하게 한 권의 책을 읽을 수 있게 되었습니다.

얼핏 생각하기에 한 학기 한 권 읽기는 교과서와 큰 연관이 없어 보이지만 책을 오롯이 읽어낸 경험이 교과서 읽기에 긍정적인 감정을 제공하기에 한 학기 한 권 읽기는 교과력 향상에 도움이 됩니다. 또 한 학기 한 권 읽기를 통해 얻은 읽기의 힘은 교과 이해도와 흥미도를 향상시키는 데도 큰 역할을 합니다. 많은 아이가 교과서를 읽을 때, 읽는 방법을 잘 모르거든요. 그런데 한 학기 한 권 읽기 활동을 하면서 책 속의 내용을 하나하나 곱씹는 과정을 통해 글을 깊이 있게 이해하는 기회를 갖습니다. 이렇게 학습한 읽기 방법은 교과서를 읽을 때 큰 도움이 됩니다.

교과서는 소설을 읽듯이 읽어선 안 됩니다. 교과서는 필기구를 들고, 메모하며 단어 하나하나 분석하고 의미를 생각하면서 읽어야 합니다. 결코 쉬운 과정이 아니죠. 꾸준히 한 학기 한 권 읽기를 한 아이들은 교과서를 읽을 때 자신도 모르게 한 학기 한 권 읽기에서 배웠던 읽기 전략을 활용하며 읽습니다. 꼼꼼하게 읽는 건 덤이겠죠.

학교에서 한 학기에 한 권만 읽는 것이 아쉽다면 가정에서 자체적으로 한 학기 한 권 읽기 활동을 해보세요. 거창한 활동을 하지 않더라도 아이와 함께 책을 읽으며 책에 대해 대화를 나누는 거죠. 이렇게 책을 읽은 아이는 다음에 어떤 책이나 교과서를 보더라도 톺아보는 것이 습관화될 테니까요.

한 학기 한 권 읽기 활동이 국어 과목에 있지만 저는 특히 개념어가 많이 나오는 사회, 과학 과목 공부에 한 학기 한 권 읽기 활동이 큰 도움이 된다고 생각합니다.

아이가 학교에서 한 학기 한 권 활동으로 읽고 있는 책이 있다면 가정에서 비슷한 주제를 다룬 다른 작품이나 같은 작가의 다른 작품을 같이 읽는 게 좋습니다. 또는 한 학기 한 권 책이 시리즈물이라면 그 시리즈를 함께 읽도록 해주세요. 한 학기 한 권 읽기의 시너지 효과가 더욱 커질 거예요.

아래는 현재 많은 학교에서 진행하고 있는 한 학기 한 권 도서 목록입니다. 학년별로 구분했지만 위아래로 한 학년 정도씩 함께 묶어서 봐도 좋습니다. 시리즈일 경우 시리즈 전체를 함께 보기를 추천합니다.

학년	제목
초등 3학년	만복이네 떡집(김리리), 프린들 주세요(앤드루 클레먼츠), 한밤중 달빛 식당(이분희), 나는 3학년 2반 7번 애벌레(김원아), 겁보 만보(김유), 마법사 똥맨(송언), 마법의 설탕 두 조각(미하엘 엔데), 고양이 해결사 깜냥(홍민정)
초등 4학년	담임 선생님은 AI(이경화), 샬롯의 거미줄(엘윈 브룩스 화이트), 내 친구 윈딕시(케이트 디카밀로), 가방 들어주는 아이(고정욱), 마당을 나온 암탉(황선미), 푸른사자 와니니(이현), 건방이의 건방진 수련기(천효정), 소리 질러 운동장(진형민), 초정리 편지(배유안), 귓속말 금지 구역(김선희), 칠판에 딱 붙은 아이들(최은옥)
초등 5학년	잘못 뽑은 반장(이은재), 5번 레인(은소홀), 불량한 자전거 여행(김남중), 아저씨 진짜 변호사 맞아요?(천효정), 5학년 5반 아이들(윤숙희), 봉주르 뚜르(한윤섭), 안녕 판다!(질 바움), 우산을 쓰지 않는 시란 씨(다니카와 슌타로, 국제앰네스티), 긴긴밤(루리)

초등 6학년	세계를 건너 너에게 갈게(이꽃님), 다이어트 학교(김혜정), 몽실 언니(권정생), 13일의 단톡방(방미진), 주식회사 6학년 2반(석혜원), 소나기(황순원), 우리들의 일그러진 영웅(이문열), 열혈 수탉 분투기(창신강), 너도 하늘말나리야(이금이)
중등 1학년	휴대폰 전쟁(로이스 페터슨), 개 같은 날은 없다(이옥수), 행운이 너에게 다가오는 중(이꽃님), 페인트(이희영), 아몬드(손원평), 어느 날 내가 죽었습니다(이경혜), 까칠한 재석이가 사라졌다(고정욱), 까대기(이종철), 이런 수학은 처음이야(최영기)
중등 2학년	거기 내가 가면 안 돼요?(이금이) 벙커(추정경), 주머니 속의 고래(이금이), 아날로그 사이언스(윤진), 역사의 쓸모(최태성), 내 휴대폰 속의 슈퍼 스파이(타니아 로이드 치), 우아한 거짓말(김려령), 인공지능 시대 십대를 위한 미디어 수업(정재민)
중등 3학년	나미야 잡화점의 기적(히가시노 게이고), 피프티 피플(정세랑), 최후의 Z(로버트 C. 오브라이언), 소년이 온다(한강), 선량한 차별주의자(김지혜), 식탁 위의 세계사(이영숙), 동물원에서 만난 세계사(손주현), 환경과 생태 쫌 아는 10대(최원형), 소설처럼 아름다운 수학 이야기(김정희)
고등	땀 흘리는 소설(김혜진 외 7명), 기억하는 소설(강영숙 외 7명), 6만 시간(박현숙), 난장이가 쏘아올린 작은 공(조세희), 산 자들(장강명), 설이(심윤경), 독서동아리 100개면 학교가 바뀐다(서현숙, 허보영), 소년을 읽다(서현숙)

'한 학기 한 권 읽기' 대상 도서

주요 교과별로
초중고 학교급별 목표 확인하기

교과서는 교육과정을 학년에 맞게 구체화한 책입니다. 교육과정은 과목마다 책 한 권 분량으로 이루어져 있습니다. 주요 교과별로 학교급별 목표만 가져왔습니다.

초등학교 1학년~고등학교 1학년은 공통 교육과정으로 공통의 내용을 학습합니다. 고등학교 2, 3학년은 선택 중심 교육과정으로 아이의 선택에 따라 학습하는 과목이 달라집니다. 국어의 경우, 초등학교 1학년~고등학교 1학년까지는 〈국어〉 교과를 배우고, 고등학교 2, 3학년은 일반 선택과목인 〈화법과 작문〉, 〈독서〉, 〈언어와 매체〉, 〈문학〉과 진로 선택과목인 〈실용 국어〉, 〈심화 국어〉, 〈고전 읽기〉를 배웁니다.

다음에서는 공통 교육과정인 고등학교 1학년까지만 담았습니다. 이것만 해도 12년 교과서 공부의 큰 그림을 그리기에 어렵지 않을 거라 생각합니다.

국어

〔초등학교〕

가. (1~2학년) 취학 전의 국어 경험을 발전시켜 일상생활과 학습에 필요한 기초 문식성을 갖추고, 말과 글(또는 책)에 흥미를 가진다.

나. (3~4학년) 생활 중심의 친숙한 국어 활동을 바탕으로 하여 일상생활과 학습에 필요한 기본적인 국어 능력을 갖추고 적극적이고 능동적인 의사소통 태도를 생활화한다.

다. (5~6학년) 공동체, 문화 중심의 확장된 국어 활동을 바탕으로 하여 일상생활과 학습에 필요한 국어 교과의 기초적 지식과 역량을 기르고, 국어의 가치와 국어 능력의 중요성을 인식한다.

〔중학교〕

목적, 맥락, 주제, 유형 등을 고려한 다양한 국어 활동을 바탕으로 하여 국어 교과의 기본지식과 교과 역량을 갖추고 자신의 국어 활동과 공동체의 국어 문화를 비판적으로 성찰하고 제시하는 태도를 지닌다.

〔고등학교〕

다양하고 심층적인 국어 활동을 바탕으로 하여 통합적인 국어 역량을 갖추고 국어 활동의 개선과 바람직한 국어 문화 형성에 이바지한다.

영어

[초등학교]

학습자들이 영어 학습에 흥미와 자신감을 가지고 일상생활에서 사용되는 기초적인 영어를 이해하고 표현하는 능력을 길러 영어로 의사소통할 수 있는 기초를 마련한다.

가. 영어 학습에 대한 흥미와 자신감을 기른다.
나. 자기 주변의 일상생활 주제에 관하여 영어로 기초적인 의사소통을 할 수 있다.
다. 영어 학습을 통해 외국의 문화를 이해한다.

[중학교]

학습자들이 초등학교에서 배운 영어를 토대로 친숙하고 일반적인 주제에 관한 기본적인 영어를 이해하고 표현하는 능력을 갖추게 하는 것을 목표로 한다.

가. 영어 학습에 대한 흥미와 관심을 가지고 일상적인 영어 사용에 자신감을 가진다.
나. 친숙하고 일상생활 주제에 관하여 영어로 기본적인 의사소통을 할 수 있다.
다. 외국의 문화와 정보를 이해하고 우리 문화를 영어로 간단히 소개할 수 있다.

[고등학교]

학습자들이 중학교에서 배운 영어를 토대로 일반적인 주제에 관한 영어를 이해하고 표현하는 영어 의사소통 능력을 심화·발전시켜 나가는 것을 목표로 한다.

가. 영어 학습에 대한 지속적인 학습 동기를 가지고 영어 사용 능력을 신장시킨다.
나. 친숙하고 일반적인 주제에 관하여 목적과 상황에 맞게 영어로 의사소통을 할 수 있다.
다. 영어로 된 다양한 정보를 이해하고, 진로에 따라 필요한 영어 사용 능력을 기른다.
라. 우리 문화와 외국 문화에 대해 관심과 올바른 이해를 바탕으로 각 문화의 고유성을 존중하는 태도를 기른다.

영어과 교육과정에서 정한 각 학년 군에서 사용할 수 있는 새로운 어휘 수는, 초등학교 3~4학년 군은 240 낱말 내외, 5~6학년 군은 260 낱말 내외(누계 500 낱말 내외), 중학교 1~3학년 군은 750 낱말 내외(총계 1,250 낱말 내외), 고등학교는 영어(공통과목) 550 낱말 내외(총 1,800 낱말 내외)입니다(각, 5% 범위 내에서 가감하여 사용 가능.) 학교에 다니며 익혀야 할 필수적인 기본 어휘 목록이 영어과 교육과정에 제시되어 있습니다.

수학

[초등학교]

(1) 생활 주변 현상을 수학적으로 관찰하고 표현하는 경험을 통하여 수학의 기초적인 개념, 원리, 법칙을 이해하고 수학의 기능을 습득한다.
(2) 수학적으로 추론하고 의사소통하며, 창의·융합적 사고와 정보 처리 능력을 바탕으로 생활 주변 현상을 수학적으로 이해하고 문제를 합리적이고 창의적으로 해결한다.
(3) 수학 학습의 즐거움을 느끼고 수학의 유용성을 인식하며 수학 학습자로서 바람직한 태도와 실천 능력을 기른다.

[중학교]

(1) 사회 및 자연 현상을 수학적으로 관찰, 분석, 조직, 표현하는 경험을 통하여 수학의 개념, 원리, 법칙과 이들 사이의 관계를 이해하고 수학의 기능을 습득한다.
(2) 수학적으로 추론하고 의사소통하며, 창의·융합적 사고와 정보 처리 능력을 바탕으로 사회 및 자연 현상을 수학적으로 이해하고 문제를 합리적이고 창의적으로 해결한다.
(3) 수학에 대한 흥미와 자신감을 갖고 수학의 가치를 인식하며 수학 학습자로서 바람직한 태도와 실천 능력을 기른다.

〔고등학교〕

수학의 개념, 원리, 법칙을 이해하고 기능을 습득하며 수학적으로 추론하고 의사소통하는 능력을 길러, 생활 주변과 사회 및 자연 현상을 수학적으로 이해하고 문제를 합리적이고 창의적으로 해결하며, 수학 학습자로서 바람직한 태도와 실천 능력을 기른다.

가. 사회 및 자연 현상을 수학적으로 관찰, 분석, 조직, 표현하는 경험을 통하여 문자와 식, 기하, 수와 연산, 함수, 확률과 통계에 관련된 개념, 원리, 법칙과 이들 사이의 관계를 이해하고 수학의 기능을 습득한다.
나. 수학적으로 추론하고 의사소통하며, 창의·융합적 사고와 정보 처리 능력을 바탕으로 사회 및 자연 현상을 수학적으로 이해하고 문제를 합리적이고 창의적으로 해결한다.
다. 수학에 대한 흥미와 자신감을 갖고 수학의 역할과 가치를 이해하며 수학 학습자로서 바람직한 태도와 실천 능력을 기른다.

사회

〔초등학교〕

학생들이 주변의 사회현상에 대하여 관심과 흥미를 가지며, 생활과 관련된 기본적 지식과 능력을 습득하고, 이를 자신의 주변 환경이나 문제에 적용할 수 있는 적극적인 태도를 길러야 한다.

〔중학교〕

학생들이 초등학교에서의 학습을 바탕으로 각 영역에서 중요시하는 지식을 과학적 절차에 의하여 발견·적용하고, 개인적·사회적 문제를 해결하는 능력을 길러 적극적인 공동체 구성원으로서의 자질을 함양하게 한다.

가. 시간적, 공간적, 사회적, 윤리적 관점을 통해 인간의 삶과 사회현상을 통합적으로
  바라보는 능력을 기른다.
나. 인간과 자신의 삶, 이를 둘러싼 다양한 공간, 그리고 복합적인 사회현상을 과거의
  경험, 사실 자료와 다양한 가치 등을 고려하면서 탐구하고 성찰하는 능력을 기른다.
다. 일상생활과 사회에서 발생하는 다양한 문제에 대한 합리적인 해결 방안을 모색하
  고 이를 통해 공동체 구성원으로서 자신의 삶을 통합적인 관점에서 성찰하고 설계
  하는 능력을 기른다.

과학

〔초등, 중등, 고등학교〕

자연 현상과 사물에 대하여 호기심과 흥미를 가지고, 과학의 핵심 개념에 대한 이해와
탐구 능력의 함양을 통하여, 개인과 사회의 문제를 과학적이고 창의적으로 해결하기
위한 과학적 소양을 기른다.

가. 자연 현상에 대한 호기심과 흥미를 갖고, 문제를 과학적으로 해결하려는 태도를 기
  른다.
나. 자연 현상 및 일상생활의 문제를 과학적으로 탐구하는 능력을 기른다.
다. 자연 현상을 탐구하여 과학의 핵심 개념을 이해한다.
라. 과학과 기술 및 사회의 상호 관계를 인식하고, 이를 바탕으로 민주 시민으로서의
  소양을 기른다.
마. 과학 학습의 즐거움과 과학의 유용성을 인식하여 평생 학습 능력을 기른다.

역사

*초등 역사 교과는 사회과목에 포함되어 제외했음

〔중학교〕

가. 한국의 전근대사와 세계 역사의 주요 사건과 개념을 이해한다.

나. 한국의 전근대사와 세계 역사를 연속성과 변화의 개념을 중심으로 이해한다.

다. 한국과 세계의 정치와 문화가 지역의 특수한 조건 아래 변화하였음을 이해하고, 여러 지역이 서로 관련을 맺으며 발전해 왔음을 파악한다.

라. 다양한 역사 자료를 비교, 분석하고 증거에 기초하여 다양한 방식으로 역사적 설명을 구현하는 능력을 기른다.

마. 오늘날 세계가 직면한 문제를 역사적으로 파악하고 문제를 해결하려는 태도를 기른다.

바. 시간과 공간 속에서 서로 다르게 나타나는 문화와 전통, 가치를 인정하고, 민주와 평화의 정신을 존중하는 자세를 기른다.

〔고등학교〕

가. 전근대 한국사의 전개 과정을 종합적·체계적으로 파악하고, 자기 정체성과 전통을 이해하는 토대로 삼는다.

나. 한국 근현대사에 대한 심도 깊은 이해를 통해 현대 한국 사회가 지닌 역사적 문제에 대해 통찰하는 능력을 기른다.

다. 다양한 역사 자료를 탐구하고 해석하는 과정을 통해 스스로 문제 의식을 가지고 비판적으로 사고하는 능력을 기른다.

라. 현대 한국 사회가 직면한 문제들의 역사적 연원과 세계와의 관련성을 파악하고, 학습자 수준에서 실현 가능한 문제 해결 방안을 공동으로 모색한다.

마. 역사적 이해를 바탕으로 나와 다른 삶의 방식을 존중하고, 역사적 주체로서 현대 한국 사회의 발전에 참여하는 자질과 태도를 기른다.

2025 고교 학점제
대비하기

2025년부터 고교 학점제가 시행됩니다. 모든 선택과목에서 성취평가를 시행하여 이수학점인 192학점을 취득하면 졸업이 가능합니다. 학생 개개의 희망 진로와 적성을 고려하여 과목을 선택하여 공부할 수 있습니다. 또 학생이 원할 경우, 학교 유형과 상관없이 다양한 과목 선택도 가능합니다.

과목을 이수하여 학점을 취득하기 위해서는 과목 출석률(수업 횟수의 2/3 이상)과 학업성취율(40% 이상)을 충족하며, 3년간 누적 학점이 192학점 이상이어야 합니다. 학교는 학생의 미이수 예방에 중점을 두고 교육과정을 운영하되, 미이수가 된 과목이 발생하면 보충 이수 등을 통해 반드시 그 과목을 이수하도록 합니다. 대학에서 F를 받은 과목이 있으면 계절 학기 등을 통해 그 과목을 이수하는 것과 비슷한 것으로 생각하면 됩니다.

내신 성적 산출 및 표기 방식은 기존 상대평가였던 9등급 체제에서 절대 평가 체제로 바뀌고, 성취도로 표기합니다. 성취율에 따라 90% 이상 A등급, 90% 미만 80% 이상 B등급, 80% 미만 70% 이상 C등급, 70% 미만 60% 이상 D등급, 60% 미만 40% 이상 E등급, 40% 미만 I등급으로 나눕니다. I등급은 'Incomplete'의 준말로 I등급을 받으면 보충 이수(과제 및 온라인 수업 등)를 통해 학점을 취득해야 합니다. 학점을 취득하지 못하면 졸업할 수 없기에, 학교는 반드시 이수할 수 있도록 다양한 방법을 마련합니다. 공통과목은 성취도와 석차 등급을 함께 표기하고 선택과목은 성취도로 표기하는데, 원점수, 성취도(수강자 수), 성취도별 학생 비율을 함께 표기합니다. 고교 학점제에서 성적 산출은 고1 때 배우는 공통과목 외에 고2, 고3 때 배우는 과목들은 절대 평가입니다.

절대 평가라고 하니 학교에서 모든 아이에게 점수를 잘 주면 좋지 않을까요? 아닙니다. 절대 평가라 해서 모든 아이가 A등급(90점 이상)을 받을 수는 없습니다. 상위 등급 인플레를 막기 위해 성취 비율을 같이 표시합니다. A등급의 인원이 많으면 내신 부풀리기를 했다고 판단해 오히려 대입에서 불리할 수 있습니다. 이미 상위권 일부 대학에서는 한 학교 내에서 A등급 비율이 20%를 넘으면 대입 성적 산출에서 불리하도록 프로그램을 설정해 놓았다고 합니다. 어느 선생님도 우리 학교 아이들이 대입에서 다른 학교에 비해 불리하기를 원치 않습니다. 그러니 절대 평가라 해도 문제를 쉽게 낼 수 없겠지요.

고교 학점제의 취지는 주어진 교육과정을 수동적으로 따라가던 수업을, 본인의 흥미와 진로에 따라 원하는 수업을 들을 수 있도록 학생이 선택하도록 해서, 수업에 능동적으로 참여하도록 하는 것입니다. 복잡한 말이죠. 자신의 의사와 상관없이 학교에서 정한 것을 무조건 들어야 하던 기존의 학교 교육과정에서 아이들이 자신이 원하는 수업을 요청하고 그 수업을 듣게 한다는 뜻입니다. 자신이 원해서 듣는 수업이니 지금 고등학교 교실에서 보이는 무기력한 모습의 아이들이 없을 거라 보는 거죠. 자신이 희망한 수업이니 적극적으로 수업에 참여할 거라 기대하는 겁니다. 개개인이 원하는 바에 맞춘 수업을 할 거고요.

우리 아이들이 살아갈 미래 사회는 지금보다 더 빠른 속도로 변화할 겁니다. 사회에서 요구하는 직업도 분명 지금보다 더 빨리 달라지겠지요. 이전에는 생각하지도 못했던 크리에이터 등의 직업이 각광받는 시대로 변화하고 있습니다. 미래의 상황에 맞는 진로를 탐구할 수 있어야 합니다. 고교 학점제를 통해 진로 개척을 위한 준비, 자기 주도적 학습 능력 등을 키울 수 있을 것으로 기대합니다.

고교 학점제 체제에서는 듣기 싫거나 어려운 과목, 자신에게 필요 없는 과목을 억지로 듣지 않아도 됩니다. 흥미 있고 궁금한 과목을 선택해서 들으면 되거든요. 수업도 토론과 실습 중심으로 이루어지고 성적을 산출할 때도 한 줄에 세우는 것이 아니라 성취 평가제로 평가합니다. 그래서 학습 부진도 줄고 공부 부담도 줄입니다. 이렇게 공부하다 보면 자신의 꿈과 재능을 이전보다 빨리 찾아 깊이 있게 공부할 수 있을 거라 예상됩니다.

물론 고교 학점제의 단점도 존재합니다. 첫째는 고교 학점제는 학생이 자신이 원하는 과목을 선택하는 것입니다. 당연히 성적을 받기 힘들거나 들어도 이해되지 않는 과목보다 성적을 받기 쉽거나 재미나 흥미 위주의 과목을 선택할 가능성이 큽니다. 그 때문에 선택과목에서 쉬운 과목만 선택하고 어려운 과목은 기피할 것을 우려하는 시각이 있습니다. 어려워도 반드시 익혀야 하는 기초 학문도 있는데 그런 가이드 없이 학생의 선택에 모두 맡겨 버리면 이것들이 외면받을 거라는 겁니다.

둘째는 고교 학점제를 시행하면 고등학교 1학년 때 진로를 결정해야 합니다. 진로를 결정하면 변경하기 쉽지 않습니다. 선택한 과목이 선택한 진로와 관련이 있기 때문입니다. 대학생이 되어서도 자신의 진로를 결정하지 못하는 경우가 많은데 고등학교 1학년은 진로를 결정하고 한 방향으로 달리기에 너무 이릅니다. 이렇게 이른 시기에 진로를 결정하는 것에 대한 부담도 있을 수 있습니다. 게다가 현 입시 체제를 생각해보면 대입 체제가 바뀌지 않는 한, 아이가 고등학교에서 선택한 과목이 대입에서 도움이 되지 않을 수도 있습니다.

마지막으로 여러 선택과목을 개설할 경우, 교원 수급 문제나 교실 사용 문제 등도 문제가 됩니다. 학교 교실 수보다 희망하는 과목 수가 많으면 교실을 확보하기 어렵습니다. 선택과목에 따라 공강 시간이 생긴 학생들이 머물 수 있는 공간도 필요한데 학생들이 머물 공간의 부족 문제나 이 학생들을 지도할 인력 부족 문제도 극복해야 합니다.

학생의 진로에 따라 과목을 선택하는 고교 학점제의 기본 취지에는 공감하지만, 그 이전에 해결해야 할 문제가 많습니다. 이 문제들을 해결할 방법을 고민해야 고교 학점제의 올바른 취지를 살릴 수 있습니다.

아이의 공부가
끝까지 흔들리지 않기를

이 글을 쓰는 지금, 지필평가가 3주 앞으로 다가왔습니다. 중고등학생들은 지필평가 한 달 전부터 평가를 준비합니다.

교실에 들어서니 아이들의 터질 듯한 가방이 보입니다. 책의 무게를 이기지 못하고 교실 바닥에 떨어져 있는 것들도 있습니다. 누군가 지나가다가 걸려 넘어질 수도 있으니 아이들의 가방을 정리합니다. 빼꼼히 열린 가방 안에 교과서는 안 보이고, 전 과목 문제집이 가득합니다. 다른 아이들의 불룩한 가방 안에도 이렇게 문제집이 가득하겠지요. 시험 기간 내내 아이들은 이 무거운 문제집을 가지고 학교와 학원을 왔다 갔다 하면서 평가를 대비합니다.

오늘은 수업이 빨리 끝나서 자습 시간을 주었습니다. 아이들은 기다렸다는 듯 가방 안에서 문제집을 꺼내더니 시험공부를 합니다. 시험 기간이 되면 많은 아이가 교과서가 아닌 문제집으로 공부합니다. 시험 기간 동안 교과서를 꺼내서 공부하는 아이는 손에 꼽을 정도입니다.

수업이 끝나고 교무실에 돌아왔습니다. 지필평가 문제를 마무리해야 합니다. 공강 시간에 남은 지필평가 문제를 출제하고, 문제를 수정해야 합니다. 다른 선생님들도 마찬가지입니다. 교무실에는 지필평가 문제를 만드느라 키보드 치는 소리만 분주합니다.

그런데 제 책상도 그렇고, 다른 선생님의 책상 위에도 문제집은 없습니다. 지필평가를 출제하기 위해 선생님들이 계속 뒤적이면서 살피는 것은 교과서와 프린트입니다. 문제집을 보면서 시험 문제를 출제하는 선생님은 아무도 없습니다.

이상하지 않나요? 수업을 가르치고, 시험 문제를 만드는 선생님은 교과서가 닳도록 뒤적거리는데 아이들은 교과서를 보지 않는다는 것이요.

요즘 저는 고민이 많습니다. 제가 공부를 잘하기 위해 중요하다고 생각하는 것과 실제 아이들이 공부하는 모습에 많은 차이가 있기 때문입니다. 교과서와 학교 수업이 중심이 되어야 하는데 아이들이 공부하는 모습을 살펴보면 그렇지 않습니다. 열심히 공부하는데도 성적이 나오지 않는 이유가 이 때문이 아닐까 하는 생각을 떨칠 수 없었습니다.

원고를 보내기 전에 마지막으로 다시 읽었습니다. 원고를 처음 쓸 때 기억이 새록새록 납니다. 책 제목이 강력해서 글을 쓰면서 고민이 많았습니다. 혹시 이 책이 사교육을 부정하는 것처럼 보이는 건 아닐까 하고 말이지요.

그러나 그보다 교과서의 이야기를, 학교 수업 이야기를 담으려고 애썼습니다. 공부를 제대로 하려면, 공부를 정말 잘하고 싶다면 기본 교재인 교과서를 제대로 공부해야 한다는 것을 강조하고 싶었습니다. 교과서가 왜 중요한지, 교과서를 왜 공부해야 하는지를 알리고 싶었습니다. 아이 공부의 시작이 교과서이길 바랐습니다. 그래서 어떻게 하면 이해하기 좀 더 쉽게 이야기할 수 있을까 고민도 많이 하고, 여러 과목의 교과서도 열심히 살폈습니다. 생각보다 시간이 많이 소요되었습니다. 정성껏 썼습니다. 하나라도 더 담으려 애썼고, 이해하기 어렵거나 애매하게 쓴 곳은 없는지 읽고 또 읽으며, 다듬고 또 다듬었습니다. 그 과정이 힘들기도 했지만, 무척 즐거웠습니다. 학부모님들도 제 의도를 충분히 이해해주시리라 믿습니다.

저에게는 작은 바람이 있습니다. 엉뚱하다고 할지 모르겠지만 나름대로는 절실한 바람입니다. 책마다 그 바람을 가득 담아 글을 씁니다. 저는 대한민국에 살고 있는 우리 아이들이 공부에 스트레스를 받지 않았으면 좋겠습니다. 그리고 모든 아이가 공부를 잘하면 좋겠습니다. 그게 제가 책을 계속 쓰는 이유입니다.

그런 마음을 가득 담아 책을 썼고 세상에 내놓습니다. 이 책이 아이의 공부가 흔들리지 않도록 공부의 방향을 잡아주는 이정표가 되었으면 좋겠습니다. 이 마음이 많은 분들에게 닿기를 바랍니다.

마지막으로 제게 멋진 출간의 기회를 주신 카시오페아 대표님과 원고를 깔끔하게 다듬어주신 편집자님께 마음 깊이 감사드립니다. 그리고 저녁 시간 내내 원고를 쓰느라 바쁜 저를 지지해준 남편과 두 아들 재혁, 재윤이에게도 사랑하는 마음과 고마움을 전합니다. 이 책을 읽는 독자님들께도 두 손 모아 감사의 마음을 전합니다. 부디 제가 쓴 이 책이 많은 분들에게 도움이 되었기를 바랍니다.

2023년 4월
배혜림

사교육에 의존하지 않고 혼자서 끝까지 공부해 내는 힘

교과서는 사교육보다 강하다

초판 1쇄 발행 2023년 4월 20일
초판 3쇄 발행 2023년 5월 30일

지은이 배혜림
펴낸이 민혜영
펴낸곳 (주)카시오페아 출판사
주소 서울시 마포구 월드컵북로 402 906호(상암동 KGIT센터)
전화 02-303-5580 | **팩스** 02-2179-8768
홈페이지 www.cassiopeiabook.com | **전자우편** editor@cassiopeiabook.com
출판등록 2012년 12월 27일 제2014-000277호
책임편집 양다은 | **디자인** 섬세한 곰
편집1 최희윤, 윤나라 | **편집2** 최형욱, 양다은, 최설란
마케팅 신혜진, 이애주, 이서우, 조효진 | **경영관리** 장은옥

ⓒ배혜림, 2023
ISBN 979-11-6827-109-8 03370

• 잘못된 책은 구입하신 곳에서 바꿔드립니다.
• 책값은 뒤표지에 있습니다.